Regina Tödter

DER GLÜCKSCOACH

Entschleunigen

Slow durch den Alltag

Alles wird langsam – Was ist SLOW?

Mit dem SLOW-Prinzip durch den Alltag surfen

ES LOHNT SICH, DENN MIT SLOW ...

... FUNKTIONIEREN SIE NICHT NUR, SIE LEBEN DEN TAG.

... SORGEN SIE STETS MIT RUHE UND GELASSENHEIT FÜR HARMONIE.

... schaffen Sie ein gesundes, ausbalanciertes Wohlbefinden. Sie wissen, was Ihnen jetzt guttut, denn Sie achten genauer darauf.

.... haben Sie eine kleinere Angriffsfläche für Stress, was Sie stark, selbstsicher und unabhängig macht.

... sorgen Sie für mehr Spaß im Job, arbeiten genauer, gewissenhafter und strukturierter.

... schulen Sie die eigene Zeitkompetenz.

... tun Sie alles intensiver, sind achtsamer und nehmen die kleinen Glücksmomente im Alltag wahr

leisten Sie gute Burnout-Prävention, Stress wird seltener.

... stimulieren SIE IHRE SINNESFÄHIGKEIT UND ENTDECKEN DIE WELT MIT MEHR GEFÜHL - ABER AUCH MIT AUGEN, NASE, MUND UND OHREN.

Aloha liebe Leserinnen, liebe Leser,

so begrüßt man sich auf einer der schönsten Inseln der Welt, auf Hawaii, dem Paradies der Surfer. Über die Wellen gleiten, fast schwerelos, sorgenlos – das wünschen wir uns alle, wenn sich die Arbeit wieder einmal wie eine riesige Woge vor uns auftürmt.

»Du kannst die Wellen nicht anhalten, aber du kannst lernen zu surfen« sagt der Philosoph und Buddhist Joseph Goldstein.

Auf den nächsten Seiten verrate ich Ihnen, wie Sie SLOW durchs Leben surfen, ganz gleich auf welcher Welle Sie gerade reiten.

SLOW ist derzeit nicht nur eine Bewegung und ein gesellschaftlicher Trend – nein, SLOW ist eine Grundeinstellung, ein individueller Blick auf die Dinge, die wir tagtäglich tun, also ein Lebensgefühl – ganz ähnlich wie das Surfen. Es geht dabei um ein langsames, achtsames und genussvolles Leben. In dem auch einmal Hektik vorkommen darf, die uns vielleicht kurzfristig umwirft, wie den Surfer vom Brett. Doch wie der Wellenreiter reagieren wir auf diesen kleinen Sturz mit Lässigkeit, wenn wir es schaffen, SLOW in unser Tagesgeschäft einzuschleusen, ohne dass alle anderen gleich schimpfen: »Du lahme Ente!« Denn »Langsamkeit« ist hierzulande noch immer ein Schimpfwort. Zu Unrecht, wie Sie nach dieser Lektüre feststellen werden.

Surfen Sie mit mir durch die Seiten und lesen Sie, wie Sie mit SLOW ihr Leben selbstbestimmter, souveräner und gelassener gestalten können.

Ihre Regina Tödter

Alles wird langsam – was ist SLOW?

Eintauchen in den SLOW-Gedanken

Was Langsamkeit mit Wellenreiten zu tun hat.

Träumen wir uns einmal kurz an einen fernen Sandstrand: Sie genießen das gute Wetter, die Sonne streichelt herrlich Ihre Haut. Alle paar Sekunden kitzelt das Salzwasser Ihre Fußspitzen und Sie haben Lust auf eine Abkühlung. Sie schnappen sich Ihr Surfbrett und paddeln locker raus aufs Meer. Ganz konzentriert, bringen Sie die Beine in Position und versuchen sich aufzurichten. Ganz schön wackelig und gar nicht so einfach! Sie fallen vom Brett, immer und immer wieder. Aber das ist völlig o.k.! Keine andere Sportart erfordert mehr Balance und Durchhaltevermögen als das Wellenreiten. Aber die Mühe lohnt sich, denn hat man irgendwann den Move raus, ist Wellenreiten ein pures Vergnügen.

Was ist SLOW?

Hat Ihnen die kleine Tagträumerei gefallen? Leider muss ich Sie jetzt in die Realität zurückholen. Doch warum erzähle ich Ihnen vom Surfen und was hat das mit SLOW zu tun?

Das Meer mit seinem Auf und Ab ist wie unser bewegter Alltag mit all seinen Höhen und Tiefen. Mal gelingt es uns, dem Druck des Alltags standzuhalten, dann wieder sind wir wackeliger auf den Beinen.

»Jede Welle ist anders, aber jede dieser Wellen lehrt dich, die Eigenheiten des Meeres besser zu verstehen. Das macht

dich zu einem besseren Surfer!«, sagt der elffache Weltmeister Kelly Slater.

Was heißt das für den Alltag? Um die unterschiedlichen Wellen zu verstehen, muss man genau hinschauen, sich Zeit lassen, in sich hineinhorchen. Das geht nur, wenn man einen Gang runter und auf SLOW schaltet.

Surfen will gelernt sein. Langsamkeit auch. Der Surfer begegnet jeder Welle offen und nimmt sie so, wie sie gerade kommt. Die kleinen wie die großen. Wenn uns das gelingt, ruhig und gelassen zu bleiben, egal ob der Sturm wütet oder Flaute herrscht, werden wir mit mehr Zufriedenheit und Gesundheit belohnt.

Sind Sie mittendrin oder nur dabei?

Wir leben in einer Leistungsgesellschaft. Von Kindheit an lernen wir, alles immer schneller, besser und effizienter zu tun, und das natürlich stets zweckorientiert. Dabei haben wir verlernt, das, was wir tun, in dem Moment auch zu genießen. Wir richten unseren Blick gerne auf das Ziel, aber vergessen dabei, auf unseren Weg zu achten. Wir wollen Zeit gewinnen, werden immer schneller und verpassen dabei den Augenblick. Paradoxerweise ist das, was wir uns heute am meisten wünschen, mehr Zeit! Sie ist das Kostbarste, was wir tatsächlich besitzen. Unsere Zeit ist knapp bemessen, obwohl wir täglich 24 Stunden davon haben. Wie kommt es, dass wir zwar ständig Zeit einsparen (die technischen Geräte sollen uns schließlich dabei helfen), aber am Ende nichts davon übrig bleibt? Verpassen wir vermutlich vor lauter Aktionismus die kleinen Momente im Alltag, die das Leben lebenswert machen?

»Mehr Langsamkeit im Alltag« hat sich die SLOW-Bewegung auf ihre Fahnen geschrieben. Was widersprüchlich klingt, getreu dem Motto »Hast du es eilig, dann gehe erst recht langsam«, ist genau das, was wir heute dringend brauchen. Es geht dabei um mehr Müßiggang, Achtsamkeit und Genuss in allem was wir tun, vorausgesetzt man tut es in Ruhe, aufmerksam und mit allen Sinnen. Das zeugt von einer höchst individuellen Zeitkompetenz, die wir erst einmal entwickeln oder wiederentdecken müssen. Wir sollten uns sozusagen Zeit für die Zeit nehmen. Denn unser Umgang mit ihr verrät viel über uns selbst und unsere Prioritäten.

Zur SLOW-Bewegung

Keine Sorge: SLOW ist kein weiteres modernes Zeitmanagement-Programm, dass unser Leben von Grund auf umkrempeln will. Dafür haben wir auch ehrlich gesagt keine Zeit. Die SLOW Bewegung vollzieht sich langsam auf allen Ebenen und bereichert den Alltag mit der einfachen Methode der Langsamkeit.

Mit SLOW-Food fing alles an. Die Bewegung entstand vor 30 Jahren in Italien, als eine amerikanische Fast-Food-Kette mitten in Rom eröffnen und damit die traditionelle italienische Küche ablösen wollte. Der Publizist Carlo Petrini war empört und rief die SLOW-Food Initiative ins Leben. Das Motto lautet »buono, pulito e giusto« und impliziert Qualität, Genuss, Achtsamkeit, kulturelle Vielfalt und Authentizität. Als Symbol für das Konzept wurde die Schnecke gewählt, die uns stets an das Zeitnehmen und die Muße beim Essen erinnern soll.

Fernab von Leistungsdruck, Zeitangaben und Optimierungszwang finden wir SLOW heute in vielen Bereichen unsers Lebens wieder: beim Reisen mit SLOW-Travel, beim Gärtnern mit SLOW-Gardening oder bei der Bewegung mit SLOW-Sport. Alles steht unter dem gleichen Motto: »Ein langsameres Leben, das Zeit zum Innehalten und Nachdenken lässt«. Ein Leben, in dem wir selbst unser Tempo bestimmen, in dem Gedanken reifen können, in dem man sich auch einmal treiben lässt und dabei jeden Augenblick wahrnimmt und wieder mehr genießt.

Sie müssen nicht Ihr gesamtes Leben auf SLOW umkrempeln. Es reicht vollkommen aus, diese achtsame Gelassenheit hin und wieder in den Tag einzubauen. Denn Langsamkeit ist und bleibt eine höchst individuelle Angelegenheit. Hierbei achtet man stets auf seinen eigenen Lebensrhythmus – und dieser ist bei jedem Menschen anders. Testen Sie mit dem Selbsttest auf der nächsten Seite doch einmal wie SLOW Sie unterwegs sind.

Wie SLOW ist mein Tag?	*ja*	*nein*
Morgens komme ich kaum aus den Federn.	☐	☐
Ich leide schon seit einer Weile an Schlafproblemen.	☐	☐
Zum Frühstücken komme ich selten.	☐	☐
Ich trage noch für andere Familienmitglieder die Verantwortung und das bringt meinen Zeitplan ständig durcheinander.	☐	☐
Ich verspäte mich immer wieder.	☐	☐
Mit starkem Kaffee komme ich halbwegs durch den Tag.	☐	☐
Ich esse unregelmäßig (dazu leider oft ungesund).	☐	☐
Gelegentlich greife ich aus Stress zur Zigarette (oder zum Glas Wein).	☐	☐
Es fällt mir schwer, all meine Pläne für den Tag umzusetzen.	☐	☐
Manche Dinge vergesse ich oder kann mich nicht mehr erinnern.	☐	☐
Erholungsphasen verschiebe ich immer auf den Urlaub.	☐	☐
Der letzte Urlaub liegt weit zurück.	☐	☐
An Wochenenden verbringe ich die meiste Zeit kaputt auf der Couch oder ich hole all das nach, was die Woche über liegen geblieben ist	☐	☐
Die Wochenenden könnten definitiv länger sein.	☐	☐
Meine Uhr tickt scheinbar immer schneller.	☐	☐
Ich fühle mich manchmal matt, leer und lustlos.	☐	☐
Ich bin oft verspannt, leide unter Kopf- und Magenschmerzen.	☐	☐
Ich fühle mich gereizt, bin manchmal sogar aggressiv.	☐	☐
Mir fällt es schwer mich zu konzentrieren.	☐	☐
Ich grübele oft und bin selten im Hier und Jetzt.	☐	☐
Ich nehme vieles persönlich.	☐	☐
Ich blicke ständig auf die Uhr.	☐	☐

Wenn Sie mehr als 10 der Fragen mit einem klaren JA beantworten können, dann ist es höchste Zeit für mehr SLOW in Ihrem Alltag! Fangen Sie am besten noch heute damit an.

Wie erleben wir Zeit?

Noch bevor Sonnenuhren, Wasserwagen oder die moderne Armbanduhr den Lebenstakt bestimmten, richtete sich der Mensch ganz nach seiner inneren Uhr. Dieser Rhythmus war abhängig von Wetter, Jahreszeit und individueller Verfassung. Manchmal, so betont zum Beispiel der Zeitexperte Karlheinz Geißler, zeigt sich dieser innere Rhythmus heute noch, etwa im Urlaub – aber auch an der Wintermüdigkeit, am Frühlingserwachen oder an individuellen Bedürfnissen von Schlaf oder Kreativität. Einige von uns werden richtig nachtaktiv, die anderen sind eben frühe Vögel.

Erst die moderne Zeiterfassung (Uhrzeit) gibt uns den strengen Takt vor, leider nicht immer zu unserem Vorteil. Sie sorgt zwar für mehr Struktur und Pünktlichkeit, fördert Produktivität und Leistung, sie nimmt uns aber auch die Hoheit über unsere eigene Zeit. Es gibt immer noch Menschen und Kulturen, die einem ganz anderen Lebenstempo folgen. Der Psychologe Levine erstellte eine sogenannte »Landkarte der Zeit«, indem er 31 Länder im Bezug auf das jeweilige Lebenstempo miteinander verglich. Er entdeckte, dass Menschen, die den Tag ruhiger angehen (diese leben vor allem in den warmen Regionen unserer Erde), insgesamt glücklicher und ausgelassener agieren. Sie halten sich zwar nicht so streng an Termine, leben aber dafür umso unabhängiger, weil sie Ihrem natürlichen Rhythmus stärker folgen.

Selbstkontrolle ist auch die Muße-Formel von Wissenschaftsjournalist Schnabel. »Genau wissen, was man will«, »öfter Nein sagen«, »individuelle Ruhe-Orte aufsuchen«, »sich der Informationsflut und den vielen Wahlmöglichkeiten entziehen« und »das Nichtstun kultivieren« bewirken seiner Meinung nach wahre Wunder. Mit Tempo und Vorwärtspeitschen kommt man nicht weit, stattdessen sollte man sich öfter schöpferischen Tätigkeiten widmen, um wieder seinem eigenen Rhythmus auf die Schliche zu kommen.

Der Zeitpsychologe Wittmann geht sogar noch einen Schritt weiter: »Wir können die eigene Zeitwahrnehmung beeinflussen«, verspricht er. Denn je besser wir unseren Körper wahrnehmen, etwa durch trainierte Achtsamkeit und Konzentration auf uns selbst, desto besser schätzen wir auch Zeitdauer ein. Hirnscans verdeutlichen dies: Konzentriert man sich stärker auf seine Körperempfindung, ist die sogenannte »Insula« im Gehirnzentrum aktiv, welche für die Schätzung von Zeit und gleichzeitig für das Gefühl für Körperlichkeit zuständig ist. Körper und Zeit hängen ganz eng zusammen: Wir *sind* gewissermaßen die Zeit. Und wie wir diese wahrnehmen, sagt viel über uns selbst aus. Wer viel erlebt und für ständige Abwechslung im Alltag sorgt, kann seine Zeit förmlich dehnen. Denken Sie einfach an Ihren letzten Urlaub: Die ersten Tage erscheinen deshalb immer so lang, weil man viele neue Eindrücke verarbeitet. Neues bleibt besser hängen, wenn man Ungewöhnliches erlebt, fernab der gewohnten Routine. Unsere Gefühle werden dabei stärker angesprochen. Kommen wir jedoch wieder in den Alltagstrott, vergeht die Zeit rasend schnell. Muss ich also stets Neues und Spontanes in meinen Tag einbauen, damit er mir länger erscheint? Nein, das würde sicher in Stress ausarten – und den wollen wir ja vermeiden. Wir müssen nicht ständig Neues erleben, um unsere Zeit qualitativ aufzuwerten. Auch die Sensibilisierung für die eigene Körperlichkeit wirkt sich positiv auf unser Zeitempfinden aus. Durch bewusste Fokussierung auf eine bestimmte Handlung, fern von jeglicher Ablenkung, ziehen wir die subjektive Zeit in die Länge. Mit Meditation oder Achtsamkeitsübungen im Alltag gelingt uns das besonders gut. So fühlen wir uns nicht mehr länger der äußeren Zeit ausgeliefert und werden wieder Herr unserer Lage.

Im Moment sein

Kommen wir noch einmal zurück zu unserem Surfing-Beispiel. Das Wellenreiten ist deshalb auch so inspirierend, weil es die wissenschaftlichen Erkenntnisse in der Praxis verdeutlicht: Surfen erfordert Abenteuerlust, Mut und eine gewisse Offenheit gegenüber dem, was vor einem liegt. Doch unser normaler Alltag ist oftmals alles andere als aufregend und bewegend! Begeisterung für die alltäglichen Dinge lässt sich schwer schöpfen. Intensive Erlebnisse gehen in der Routine einfach unter. Tatsache aber ist: Sie sind noch da!

Wir müssen nur wieder die Zeit finden, den Augenblick wahrzunehmen und das, was wir erleben, zu genießen. Beim Surfen geht es schließlich auch nur ums Wasser, und trotzdem ist dieses Wasser, wenn es sich zu einer Welle auftürmt, etwas Großartiges. Vorausgesetzt man lässt sich darauf ein und (er)spürt es mit all seinen Sinnen. Nur wenn wir das, was wir im

GLÜCKLICH MACHT

der Duft von frisch gekochtem Kaffee.

das Zwitschern der Vögel, das nach dem Winter wie Musik klingt.

Sonnenschein, der uns in der Mittagspause auf der Parkbank wärmt.

das Wochenende, an dem wir ausschlafen können.

ein Bad nach einem langen Arbeitstag.

ein Spaziergang durch raschelndes Laub.

Gartenarbeit und das Beobachten der wachsenden Pflanzen.

ein langes tiefgründiges Gespräch mit einer nahestehenden Person.

das Warten am Bahnsteig auf eine langersehnte Freundin.

einen Kuchen/ein Brot backen und sich auf das erste, warme Stück freuen.

das Stapfen durch den frisch gefallenen Schnee.

eine kreative Tätigkeit wie Schreiben, Zeichnen oder Töpfern ...

der erste Urlaubstag, wenn dieser planlos und in Ruhe beginnt.

jemandem ein Kompliment machen und ein Lächeln ernten.

Mein Glücksmoment:

Augenblick machen, mit all unseren Sinnen und Gefühlen tun, dann wird aus jeder Aktivität etwas Einzigartiges. Dies klappt nur, wenn wir uns auch die entsprechende Zeit dafür nehmen. Und hier kommt die SLOW-Bewegung ins Spiel: Mit Langsamkeit geben wir den Dingen endlich wieder Raum, den wir für unsere Aufmerksamkeit benötigen. Schauen Sie sich zum Beispiel gerade jetzt um. Wo befinden Sie sich in genau diesem Moment? Aktivieren Sie dabei alle Ihre Sinnesantennen: Was umgibt Sie, was hören, riechen und sehen Sie in diesem Augenblick? Nehmen Sie sich kurz Zeit, das, was ist, mal bewusst zu realisieren. Es tut gut, innezuhalten! Noch besser wäre es aber, regelmäßig im Moment zu verharren. Stimmen Sie mir da zu?

SLOW ist eine intelligente Methode, besser mit der knappen Zeit umzugehen, und sie lässt sich jederzeit in den Alltag integrieren. Damit das Reiten auf den täglichen Wellen wieder zum Vergnügen wird.

Sind Sie jemand, der ständig vom Glück überrascht wird oder diesem eher hinterherzurennen scheint? Glück können wir alle erleben, vor allem dann, wenn wir uns darauf einlassen. Dazu brauchen wir Ruhe und Gelassenheit. Denn wenn wir einen Augenblick innehalten, entwickeln sich alltägliche Dinge zu etwas ganz Besonderem. Schauen Sie mal genauer hin.

Mit dem SLOW-Prinzip

durch den Alltag surfen

Achtsam in den Tag starten

Den Slow-Schalter gleich morgens umlegen.

Der Morgen wird oft zu einem Wettrennen gegen die Zeit. Dabei übernehmen Sie fast automatisch die Rolle des Antreibers, denn schließlich tragen Sie die Verantwortung dafür, dass alle aus dem Bett und rechtzeitig mit Sack und Pack aus dem Haus kommen. Gefällt Ihnen diese Rolle? Sicher geht es Ihnen wie vielen anderen auch: Insgeheim wünschen Sie sich, den Tag locker und leichtfüßig zu beginnen. Doch meist fühlen Sie sich getrieben und verschieben schöne Momente auf einen späteren Zeitpunkt. Das ist schade, denn Sie führen ein fantastisches und vielseitiges Leben. Wichtig ist, dass Sie es selbst auch (wieder) erkennen. Und da geht es schon los: Uns fehlt die Zeit für derartig positive Gedanken. Denn um den Lebensstandard aufrechtzuerhalten, wollen Sie dranbleiben. Doch ab und an sollten Sie das Tempo drosseln und innehalten.

Glücksmomente am Morgen

Nehmen Sie sich jeden Morgen eine »Me-Time«, Zeit nur für sich – am besten bei einer frisch gekochten Tasse Kaffee oder Tee. Gehen Sie kurz im Kopf einzelne Morgenstationen durch und sehen Sie den Glücksmomenten wieder ins Gesicht: Zählen Sie mindestens fünf Dinge auf, die Ihnen morgens trotz Augenringen Freude schenken. Es könnte die wohlige heiße Dusche sein, eine wunderbar duftende Body-Lotion, die ersten Vögel auf

dem Balkon oder die Freude auf eine bevorstehende Reise. Sie finden sicherlich zwei Handvoll schöner Augenblicke. Blättern Sie einfach eine Seite weiter, dort finden Sie Platz diese festzuhalten.

Innehalten wieder lernen

Alles notiert? Ist es Ihnen schwergefallen, einfach mal kurz die Zeit stillstehen zu lassen in der Morgenhektik und innezuhalten? In diesem Wort stecken zwei hübsche Tricks, die Sie leicht in die Praxis umsetzen können: sich oder etwas halten und den Blick dabei nach innen richten! Bereits morgens bieten sich viele solcher Gelegenheiten, einfach mal innezuhalten. Doch diese Technik müssen wir lernen – und vor allem dann anwenden, wenn uns die Zeit vermeintlich davonrennt! Aber halt! Uns rennt nichts davon.

Es gibt täglich viele Gelegenheiten, die uns automatisch im Tempo zügeln. Anstatt sich zum Beispiel über das besetzte Badezimmer, über die trödelnden Kinder, die Suche nach dem Hausschlüssel usw. zu ärgern, versuchen Sie, sich innerlich zu sammeln und den Haltemoment zu nutzen. Und genau hinzuschauen und zu verinnerlichen: Was trägt Ihr Mann heute für ein Hemd? Sind Ihre Kinder noch müde? Wie sieht der Himmel an diesem Morgen aus? Öffnen Sie die Fenster und atmen Sie tief ein: Wonach duftet der Tag? Liegt Regen in der Luft? Oder ein erster Frühlingsmoment? So nehmen wir den Augenblick wieder wahr, realisieren, was wir haben und was wir sind. Das schafft Platz für Dankbarkeit und Vorfreude. Und wer sich morgens schon freut, kann gar nicht gleichzeitig gestresst und verärgert sein.

Der Morgen bietet uns noch weitere Möglichkeiten und schöne Rituale wie unsere Gedankenreise zu den Glücksmomenten, in denen wir uns in Achtsamkeit üben können. Schauen wir uns noch ein paar solcher Ruhepole an.

Meine 5 Glücksmomente am Morgen
1.
2.
3.
4.
5.

Der optimale Frischekick

Der beste Start in den Tag ist definitiv eine gemütliche Runde Joggen oder Walken bei Frischluft in der Natur. Unmöglich umsetzbar – denken Sie jetzt? Dann verbinden Sie doch ein Frischluft-Ritual mit Ihrem Weg zur Arbeit. Verzichten Sie, wenn möglich, auf Auto, Bus oder Bahn und gehen Sie stattdessen zu Fuß. Wenigstens einen Teil der Strecke. Schließlich ist das Unterwegssein zu Fuß die ursprünglichste Art der Fortbewegung und eine wunderbare Gelegenheit, außerhalb des Schnelllebigen mit der Ruhe der Natur wieder in Berührung zu kommen und jeden Tag der Jahreszeiten wieder zu erleben. Die meisten von uns leben in Städten und fühlen sich zunehmend entwurzelt von der Komplexität des modernen Lebens. Sie sehnen sich danach, der Natur wieder ein Stück näher zu kommen. Dafür reicht schon ein kurzer, morgendlicher Spaziergang durchs Grün der Stadt. Sie kommen doch gewiss an einem Park vorbei? Eine tägliche Dosis »Vitamin N« (N wie Natur) kann unser Bedürfnis nach Klarheit und Ruhe stillen.

Hier draußen, im angemessenen Bewegungstempo, kommen Sie auch Ihrem Körpergefühl näher. Und Sie wissen ja jetzt, dass Körperzentriertheit und Zeitgefühl enge Freunde sind: Tun Sie Ihrem Körper gut, finden Sie wieder zurück zu Ihrem natürlichen inneren Rhythmus. Das macht glücklich, ausgeglichen und gesund.

Die ruhigen, gleichmäßigen Bewegungen beim Spazierengehen sind wie eine kleine Meditation: Sie geben die Möglichkeit, ganz im Moment zu sein, im Hier und Jetzt. Ein guter Augenblick, um sich für den anstehenden Tag zu sammeln und sich ganz in Ruhe auf die wichtigsten Dinge zu konzentrieren.

Frühstück als Rastplatz und Tankstelle

Das Frühstück am Morgen ist ein toller Ankerpunkt für den Tag. Hier tanken Sie im doppelten Sinne auf! Schön wäre es natürlich, das Frühstück gleich als ersten familiären Begegnungspunkt zu nutzen. Aber lassen Sie sich bloß nicht stressen, möglichst alle gleichzeitig an den Esstisch zu bekommen. Wenn es vorher auch nie funktioniert hat, dann nehmen Sie die Situation an, wie sie ist. Gleichzeitigkeit ist nicht immer das Beste. Jeder hat sein eigenes Tempo und das zeigt sich auch am Frühstückstisch. Aber worauf Sie jetzt unbedingt achten sollten ist, nicht mehrere Dinge gleichzeitig zu tun. Achtsam sein heißt, zu spüren, was geschieht, in dem Moment, in dem es geschieht. Umgesetzt in die Praxis bedeutet das: Lassen Sie Ihre Gedanken nicht abschweifen, während Sie frühstücken, lesen Sie nicht auch noch nebenher die Zeitung oder Ihre E-Mails. Bereichern Sie Ihren Morgen besser durch Fokussierung auf stets eine Sache.

Statt sich wie sonst üblich, einen Kaffee oder Tee zu machen, ein Brot zu schmieren und dabei gleich über den kommenden Tag und dessen Aufgaben zu sinnieren, nehmen Sie die Mahlzeit bewusst wahr:

- [x] Spüren Sie die Hitze des Kaffees, seinen belebenden Duft
- [x] Hören Sie das Knuspern des Brötchens beim Aufschneiden
- [x] Erleben Sie den Genuss des ersten Bissens
- [x] Schmecken Sie die Konsistenz des Aufstrichs

Wichtig ist allein, dass Sie sich auf das Jetzt konzentrieren, den Augenblick bewusst erleben und nicht abdriften. Üben Sie sich immer wieder in achtsamen Momenten – nichts ist heute schwieriger als das. Doch so kommen Sie in den Tag mit Sinn und Herz.

Und wo Sie gerade so herrlich auf SLOW schalten, lassen Sie fünf Dinge vor Ihrem inneren Auge vorüberziehen, die Sie genau jetzt, in diesem Augenblick, zufrieden machen. Um Ihre persönlichen Zufriedenheitsmomente festzuhalten, finden Sie Platz auf der nächsten Seite.

Zufrieden macht mich...

1

2

3

4

5

Mit Kindern in den Tag starten

Wenn Ihnen selbst das Aufstehen manchmal schon so schwerfällt, wie locken Sie dann Ihre Sprösslinge aus den Federn? Wenn Sie nicht nur sich selbst startklar machen, sondern gleich mehrere Familienmitglieder für den beginnenden Tag vorbereiten müssen, wird es erst recht chaotisch.

Spätestens jetzt beginnt für Sie das offizielle Wettrennen gegen die Zeit! Müßiggang ist ja schön – aber er klappt allein definitiv besser! Die Kinder haben ihren eigenen Biorhythmus, der Sie mit Sicherheit oft in Zeitstress führt. Wie also bekommt man es trotzdem hin, möglichst oft für einen guten und ruhigen Morgen zu sorgen?

Erziehung zur mehr »Selbstständigkeit« ist vielleicht die Zauberformel. Der Muße-Guru Hodgkinson empfiehlt dies jedenfalls in seinem »Leitfaden für faule Eltern«. Bringen Sie Ihren Helikopter wieder auf den Boden der Tatsachen. Seien Sie als Mama oder Papa nicht zu fürsorglich, besorgt und übermotiviert, so rät er.

Erinnern Sie sich selbst einmal kurz an Ihre eigene Kindheit zurück. Hat es sich nicht auch viel besser angefühlt, wenn Sie etwas selbstständig machen durften? Die Kids können sich den Toast auch allein schmieren und den Schulranzen eigenständig packen – wenn es klappt, am besten schon am Abend vorher. Das minimiert den Stress am Morgen. Das Gleiche gilt auch für das Anziehen. Kinder sind mächtig stolz darauf und freuen sich, wenn sie etwas ganz allein hinbekommen. Lassen Sie Ihr Kind doch bereits am Abend vorher die Kleidung für den nächsten Tag zurechtlegen. Und nicht gleich meckern, wenn es im Winter eine kurze Hosen aus dem Schrank zieht – sondern ruhig erklären (oder auf der Wetter-App zeigen), wie das Wetter heute wird.

Versuchen Sie schon morgens, möglichst viel Verantwortung aus den Händen zu geben und den Nachwuchs mal selbst ausprobieren zu lassen.

Von der Aufgabe zur sinnlichen Erfahrung

Ich habe noch einen kleinen SLOW-Trick für Sie auf Lager, mit dem der Familien-Start in den Morgen zum Kinderspiel wird. Denn Kids lieben Spiele und keiner mag Aufgaben, vor allem nicht, wenn sie als Regeln aufgestellt werden. Schließlich geht es uns genauso. Wir wollen Dinge verstehen, den dahinterstehenden Sinn nachvollziehen und der Verpflichtung bestenfalls mit Spaß und Sinn begegnen. Erklären Sie den Kleinen, was es mit dem Frühstück auf sich hat: Denn so groß und stark wie ihr Superheld können die Kleinen schließlich nur werden, wenn sie gut gestärkt in den Tag starten.

Frühstücken macht aber nicht nur Sinn, es kann auch sinnlich erlebt werden. Die nächste Welle kann für den einen bloß »Wasser« bedeuten, für den anderen eine tolle Herausforderung sein. Je nachdem, welchen Blickwinkel wir einnehmen. Und so sollte das tägliche Frühstücksritual nicht als eine nervige und leider oft hastige Verpflichtung verkommen, sondern als erstes kleines und schönes Erlebnis am Morgen zelebriert werden.

Statt des typischen Rufs »Wo bleibst du denn? Komm jetzt endlich zum Essen«, locken Sie mit sinnlichen Verführungen wie Düften, Geschmäckern und Klängen. Brechen Sie die starre Form auf, etwa mit einer hübschen Duftkerze oder lustigen Servietten auf dem Tisch, happy Musik im Hintergrund oder neuen Früchtchen im Knuspermüsli. Das sind Dinge, die Sie keine 10 Minuten kosten, aber mit Sicherheit für große Augen und ein tolles Geschmackserlebnis sorgen. Vielleicht zaubern Sie ein lustiges Gesicht mit Spiegelei und Gemüse-Sticks auf den Teller? Frühstücken Sie doch mal wieder auf dem Balkon oder gemeinsam in der Kuscheltier-Höhle?

Solche sinnlichen Erfahrungen sind nicht nur stark gegenwartsbezogen, sie verwandeln die Morgenroutine in ein kleines Erlebnis. Ihr Einsatz besitzt magnetische Anziehungskraft für mehr Spaß und Freude in der Früh. Da ist es doch klar, dass Sie so gemeinsam viel gelassener in den Tag starten, oder nicht? Und wenn Sie es managen können, decken Sie den Tisch in Ruhe am Abend. So kitzeln Sie noch ein paar mehr Glücksmomente am Morgen fürs gemeinsame Frühstück heraus.

Flow im Job

Langsamkeit ist nicht schneller, aber besser.

Unsere Arbeitswelt hat sich geändert. Wir sind global vernetzt, flexibel, erreichbar und mobil. Arbeitsstrukturen verdichten sich, Arbeitsvorgänge werden immer komplexer und wir sind mitten im Geschehen. Überlastung, Zeitdruck und Dauerberieselung. Wir erfahren ständige Erreichbarkeit, leiden am Anspruch, für jeden da zu sein, und erschöpfen an der Erwartung täglicher Bestleistung. Wir fühlen uns oft getrieben und nicht selten auch wie gelähmt. Die Zeit einer klaren Trennung zwischen Arbeitszeit und Freizeit ist vorbei, und der Anteil der Arbeit an unserer verfügbaren Zeit dominiert unser Leben. Jetzt kommt es darauf an, ein neues Verhältnis zu unserem täglichen Tun zu entwickeln. Den Blickwinkel zu ändern. So kann unser Job auch wieder zu einer Bereicherung unseres Lebens werden.

Was würde helfen?

Obwohl es einiges zu beklagen gibt, wissen erstaunlicherweise viele Mitarbeiter genau, was man besser machen könnte. Es würde zum Beispiel helfen, einfach mal ein paar Stunden in Ruhe, vielleicht zu Hause oder in einem abgeschotteten Büro, durcharbeiten zu können. Ohne Kundenverkehr oder andere Unterbrechungen. Förderlich ist es auch, wenn der Kollege eine Weile die Telefonate für einen abfängt, um den eigenen Arbeitsvor-

gang zu Ende führen zu können. Dann wechselt man sich ab und schafft im Endeffekt viel mehr. Ganz klar: Man müsste für alles eine feste Zeit definieren.

Aber an oberster Stelle steht noch etwas anderes: die Gelassenheit. Ab und an auf Slow schalten, Pausen machen, geduldig sein und lernen, eine Situation auch mal so anzunehmen, wie sie ist. Denn mit schlechter Laune und mieser Stimmung ist keinem geholfen. Ärger und Frust fällt meist auf einen selbst zurück. Andersherum: Ist man fröhlich am Arbeitsplatz, erntet man lächelnde Gesichter. Und das sorgt schließlich für einen besseren Tag, für zufriedene Kunden, ein gutes Arbeitsergebnis und tolles Betriebsklima.

SLOW-Tipp: Den inneren Antreiber stoppen

Nach außen hin scheint alles in Ordnung zu sein. Es gibt doch wirklich niemanden, der mit Trillerpfeife neben Ihnen steht und das Kommando gibt. Oder etwa doch? Meist ist es das persönliche Leistungsstreben, der Optimierungsdrang und der eigene Perfektionismus, der einen manchmal in den Schnelligkeits-Wahnsinn treibt.

Na, erkennen Sie sich wieder und kommen Ihnen die folgenden Aussagen irgendwie bekannt vor?

- Ich muss alles richtig machen.
- Das muss perfekt sein.
- Ich akzeptiere nur Ordentlichkeit und Gründlichkeit.
- Denn nur dann werde ich geliebt, akzeptiert und gemocht.
- Meine Gedanken sind selten dort, wo ich bin.
- Eigentlich muss ich jetzt längst schon weiter oder woanders sein.
- Das bringt meine Planung und mein Konzept ganz durcheinander.
- Dieses Mal muss ich aber besser sein. Gut ist mir nicht gut genug.
- Die anderen schaffen es auch. Mir muss es unbedingt auch gelingen.

Muss-Satz	Mein positiver Kann- oder Möchte-Satz

- Ich fahr lieber doppelspurig, sicher ist sicher.
- Nichtstun fühlt sich für mich an wie Zeitverschwendung.
- Bloß nicht liegenbleiben, hab heut viel vor.

Und nun? Machen Sie sich frei von diesen inneren Zwängen, indem Sie sich von »Muss-Sätzen« verabschieden und positiv formulieren: Statt »Das muss ich heute noch erledigen« sagen Sie: »Das möchte ich heute noch erledigen.« Das nimmt den Druck aus Ihren Gedanken. Platz, um dem Müssen »Ade« zu sagen, finden Sie auf der linken Seite.

Und: Perfekt sein ist langweilig und hält auf. Denn Perfektionisten planen erst einmal alles, bevor sie loslegen. Dabei funktionieren im Alltag häufig auch die Lösungen, die nicht perfekt, sondern schlicht gut genug sind. Niemand erwartet, dass Sie alles auf einmal schaffen – allein Sie selber verlangen das. Jetzt ist Schluss damit. Improvisieren ist doch viel entspannter, regt die Kreativität an und macht Spaß. Manchmal ist das Ergebnis so überraschend gut, dass Sie noch lange daran denken und sich über die Lösung freuen. Lassen Sie daher ruhig öfter Ihr Bauchgefühl entscheiden.

Slobbie sein

Im realen Leben lässt sich IST und SOLL trotzdem nicht immer umsetzen. Doch die Lage ist nicht aussichtslos und wir können tatsächlich etwas aus uns selbst heraus ändern. Nicht immer lässt der Job es nämlich zu, sich herauszuziehen, Dinge in Ruhe zu bearbeiten, frei und selbstbestimmt zu arbeiten. Aber wir können den SLOW-Gang einlegen, nicht im Sinne von langsamer arbeiten, sondern bewusster und aufmerksamer mit dem Aufgabenberg und den täglichen Arbeitsherausforderungen umgehen. Wenn Sie einen Schritt nach dem anderen tun, kommen Sie schneller ans Ziel. Denn jede neu aufgerissene (unerledigte) Aufgabe sorgt nur für Stolperfallen! Werden Sie also ein Slobbie (= »SLOW But Better workIng pEople«).

In Absprache mit dem Chef und den Arbeitskollegen lassen sich am Tag vielleicht einige Ruhe-Stunden realisieren. Weisen Sie unbedingt auf die Notwendigkeit konzentrierten Arbeitens hin. Nutzen Sie auch die Möglichkeit einer Gleitzeit und bleiben Sie bewusst länger, um in Ruhe den Arbeitsvorgang abzuschließen (natürlich bummeln Sie die Überstunden entsprechend wieder ab). Langsam, aber besser und somit genauer ist langfristig gut für das Unternehmen. Wie aber überzeugen Sie Ihren Chef davon?

Hier ein paar gute Argumente:

- Beim Slobbie schleichen sich weniger Fehler ein.
- Slobbies arbeiten fokussierter.
- So liefern sie am Ende eine qualitativ hochwertigere Arbeit ab.
- Slobbies sind weniger gereizt, genervt oder mürrisch.
- Sie haben Spaß an Ihrer Arbeit – auch langfristig gesehen.
- Dadurch arbeiten sie motivierter und kreativer.
- Und Sie sind gerne hier.

Und damit Sie Ihr neues Slobbie-sein selbst nicht aus den Augen verlieren, halten Sie Ihr neues Arbeitsmotto doch gleich auf der nächsten Seite fest. Zum Beispiel: »Ich bin die Ruhe in Person.« oder »Langsam klappt es besser.« oder »einatmen – ausatmen«. Basteln Sie sich Ihr Motto-Schiffchen. Auf Ihrem Schreibtisch platziert, erinnert es Sie im hektischen Alltag daran, die Wellen nicht zu hoch werden zu lassen.

Grundsätzlich gilt: Eine positive Einstellung mit einem Lächeln auf den Lippen, egal wie genervt Sie manchmal sind, fällt früher oder später auf Sie zurück. Denken Sie mal an Ihren Lieblingskollegen – ist er nicht derjenige, der immer einen Witz locker hat und ständig für gute Stimmung sorgt? Mit seiner guten Laune scheint er alle in seinem Umfeld anzustecken. Er wirkt wie ein Magnet, strahlt (im Gegensatz zum Miesepeter aus dem Nachbarzimmer) Charisma und echte Gelassenheit aus. Es macht Spaß, mit ihm zusammenzuarbeiten. In seiner Gegenwart macht die Arbeit erst recht Freude, am Ende ist die Zeit verflogen und Sie liefern großartige Ergebnisse. Wir brauchen solche Vorbilder im Job – am besten entspannte und erfolgreiche Kollegen. Schließlich sind sie es, die das Wellenreiten wunderbar beherrschen und gelassen durch den Arbeitstag surfen. Überlegen Sie also kurz, welcher der Mitarbeiter in Ihrem Betrieb ein solcher Slobbie sein könnte? Haben Sie wenig oder keine KollegInnen, dann orientieren Sie sich zum Beispiel an entspannten Menschen außerhalb Ihrer Branche. Motiviert Sie vielleicht ein Top Speaker, eine Professorin, ein Komödiant, ein Motivationscoach, eine Schauspielerin oder Ihr Partner?

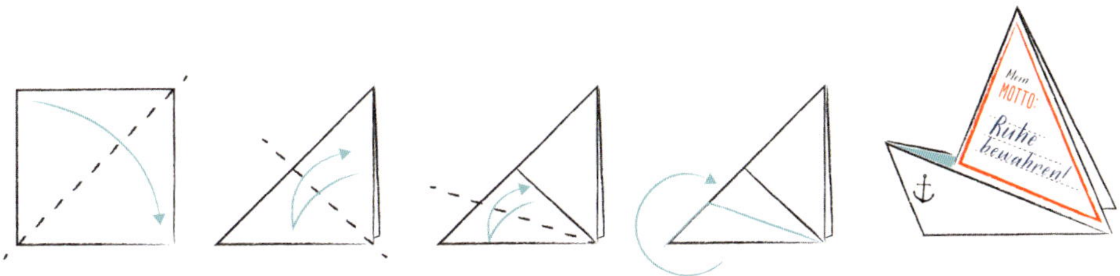
Mein
MOTTO:
Ruhe
bewahren!

Mein
MOTTO:

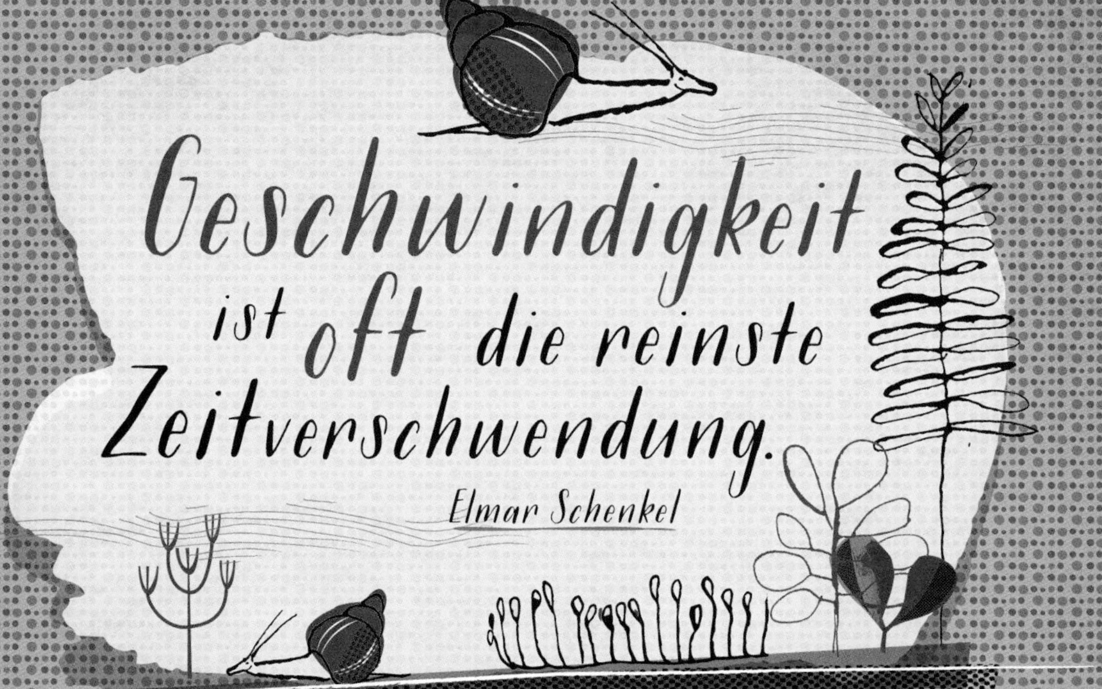
Geschwindigkeit ist oft die reinste Zeitverschwendung.
Elmar Schenkel

Gute Beobachtung erleichtert den Tag

Kennen Sie das? Am Ende des Tages stellt sich das Gefühl ein, irgendwie die ganze Zeit gut zu tun gehabt, ohne wirklich etwas geschafft zu haben. Na super! Noch besser: Die ganze Mühe kriegt mal wieder keiner mit und der Aufgabenberg ist immer noch da! Wie frustrierend. Was läuft falsch? Oft sind es Kleinigkeiten, die uns ablenken, wie zum Beispiel das ständige Checken von E-Mails oder die sofortige Beantwortung eines Kundenanrufes, die vielleicht auch etwas warten kann. Versuchen Sie doch einmal, diese Zeitfresser zu bündeln: Legen Sie eine Zeit fest, zu der Sie Ihr E-Mails beantworten. Und machen Sie eine Telefonliste – nach Dringlichkeit sortiert. So schaffen Sie Zeit für Pausen und sind nicht so schnell abgelenkt. Beobachten Sie sich einen Tag lang – Sie werden sicher noch weitere Zeitfresser finden, die Sie dann ebenfalls bündeln sollten.

Zudem hat ein Slobbi stets einen Plan – auch wenn spontan gefasst. Aber er weiß: Neben den dringend zu erledigenden Aufgaben gibt es jede Menge Überflüssiges, auch wenn dies auf den ersten Blick nicht sofort erkennbar ist. Lernen Sie, diese unwichtigen Aufgaben von wichtigen zu unterscheiden. Wie das geht? Mit Achtsamkeit und dem Setzen von Prioritäten.

Stellen Sie sich zuerst einmal folgende Fragen:

- Was motiviert mich? Was macht mir Spaß? Was kann ich gut? Was könnte ich anders machen? Und worauf könnte ich verzichten?
- Was bringt mich meinem Ziel, meinem Wunsch, meiner Lebensvision ein Stück näher? Was hilft mir, wertvolle Zeit zu sparen? Was kann ich an andere delegieren?
- Geht meine Welt unter, wenn ich es später (oder gar nicht) mache?

Auf den nächsten Seiten haben Sie die Möglichkeit, das Wesentliche zu notieren.

Meine Gedanken

Was motiviert mich?

Was ist mein persönliches Ziel?

Was kann ich besonders gut und was macht mich glücklich?

Worauf könnte ich verzichten?

Meine Gedanken

Was kann ich konkret tun, um meinem persönlichen Ziel näher zu kommen?

Was frisst meine wertvolle Zeit, die ich sinnvoller und erfüllender füllen möchte?

Was kann ich an andere delegieren?

Prio-Liste

Slobbies halten ihre Aufgaben fest! Natürlich nur im übertragenen Sinne, sonst kommen sie ja zu gar nichts mehr! Machen Sie sich Notizen – aber schreiben Sie keine Aufsätze! Füllen Sie die nebenstehende kurze Prio-Liste aus. In das oberste Feld schreiben Sie die wichtigste Aufgabe des Tages. Alle anderen Aufgaben ordnen sich ihr unter. Nehmen Sie maximal sechs Dinge auf.

Bereits beim Eintragen werden Sie Dringlichkeit von Zusätzlichem gut unterscheiden können. Notieren Sie zur Not gleich hinter der Aufgabe, wie viel Zeit dafür in Anspruch genommen wird. Und seien Sie nicht knauserig. Wenn Sie beispielsweise für die Powerpoint-Präsentation nur eine Stunde einplanen, macht der Slobbie daraus ein zweistündiges Projekt. Nicht weil er extrem trödelig, sondern realistisch ist (denken Sie an Rücksprachen, Unterbrechungen, Überarbeitung, technische Komplikationen etc.). Wenn Sie dann am Ende tatsächlich eine Stunde früher fertig werden, Gratulation! Dann haben Sie sich einen guten Vorsprung verschafft! Keine Sorge, auch diese Zeit werden Sie bewusst zu nutzen wissen. Leerlauf wird es sicherlich nicht geben. Mit der Prio-Liste sind Sie auch quasi dazu gezwungen, sich von einigen auferlegten Aufgaben zu trennen. Jede Zusatzaufgabe muss automatisch »warten« oder gegen eine andere ausgetauscht werden. Ihr Tag hat nun mal nur 24 Stunden und Ihr Arbeitstag vermutlich nur acht! Sie können die Zeit nicht verdoppeln oder anderweitig manipulieren. Machen Sie es sich klar und orientieren Sie sich fortan immer an dieser Prio-Liste. Verbieten Sie sich unbedingt, »Zusatzstunden« aus der Freizeit abzuzweigen. Sie sollten nie auf Ihr Familienessen, ein geplantes Treffen mit Freunden, den Sport am Abend oder auf Ihre Nachtruhe verzichten, auch wenn es manchmal schwerfällt!

→ Prio-Liste

Datum:

1

2

3

Feierabend!

SLOW aber realistisch

Die Prio-Liste hat den wunderbaren Vorteil, die zeitlichen Grenzen klar und realistisch aufzuzeigen. Sie veranschaulicht, wie lang Ihr Tag tatsächlich ist. So behalten Sie Ihre Aufgaben stets vor Augen – nach Wichtigkeit sortiert. Ablenkungen werden so seltener, weil sie ganz im Slobbie-Stil einen Punkt nach dem anderen abarbeiten. Ihrem Chef (und Mitarbeitern) bieten Sie so bestmögliche Transparenz. Will jemand dann eine neue Aufgabe an Sie delegieren, halten Sie ihm die Prio-Liste vor. Zur Not heißt es dann: »Sorry, wir sind ausgebucht, vielleicht versuchen Sie es in der Nebensaison!« Es muss schon einen guten Grund geben, wenn Sie hierfür etwas schieben oder rauswerfen müssen! Bestenfalls vermerken Sie auf Ihrem Zettel gleich das Datum. Dann können Sie auch im Nachhinein, zum Beispiel auf Nachfrage des Chefs, alle Arbeitsschritte rekonstruieren, und erklären, warum etwa eine Sache noch immer nicht abgeschlossen werden konnte. Damit verschaffen Sie sich langfristig eine Übersicht, Sie übernehmen wieder das Ruder, verlieren Ihre Ziele so schnell nicht aus den Augen und steuern so geradewegs auf Ihr Ziel zu. Damit Sie auch noch ausdauernd und motiviert am Ball bleiben, notieren Sie sich Zwischenschritte und schaffen sich zusätzlich Erfolgsinseln für zwischendurch. Auch das sind kleine Achtsamkeitsübungen und jedes Häkchen sorgt für ein breites Grinsen! Diese Liste bietet Ihnen aber vor allem noch etwas ganz Wichtiges: ein Fernrohr (zumindest als zusammengerolltes Papier), mit dem Sie die kreisenden und zeithungrigen Haifische rechtzeitig erkennen.

Gefahrzone Zeithaie

Was sind Zeithaie? Sie sind echte Zeiträuber und »fressen« uns unsere wertvollen Stunden. Überlegen Sie selbst mal kurz: Was klaut Ihnen förmlich die Arbeitszeit? Die kleinen Haie wie die Ablenkung durch E-Mails oder Telefonate hatten wir bereits besprochen – da hilft Sortieren und Bündeln. Erinnern Sie sich? Aber es gibt noch weitere Zeit- und Energieräuber: Da wären zum Beispiel ständig plaudernde und nörgelnde Arbeitskollegen, die uns mit destruktiven Denkmustern überfallen und uns mit ihrer ständig schlechten Laune anstecken. Sie seufzen dann: »Das bringt doch ehe nichts«, »Daran kann man nichts ändern« und »Dies und jenes ist schuld daran«. Wenn wir bewusst auf die Wortwahl achten, bemerken wir auch den Denkfehler: Die Verantwortung für das Problem wird einfach abgegeben. Schließlich sind immer die anderen schuld! So machen Sie sich zum Opfer für die hungrigen Zeithaie. Befreien Sie sich aus dieser Falle.

Andere Mitarbeiter wollen uns auch manchmal ihre Aufgaben unterjubeln. Sie suchen sich gerne »weiche« Kollegen aus, die schlecht Nein sagen können. Nix da! Jetzt haben Sie ja Ihre Prio-Liste als Schutzschild. Lassen Sie sich nicht ablenken. Bleiben Sie bei Ihrem Timetable!

Trauen Sie sich mehr Selbstbestimmtheit im Job zu: Je mehr Verantwortung wir im Job übernehmen, desto weniger müssen wir unsere Arbeit »absegnen« und »kontrollieren« lassen. Wir können uns stete Rückfragen sparen, die uns sonst viel Zeit rauben. Zeigen Sie Ihren Vorgesetzten, dass Sie das, was Sie tun, gut beherrschen. Je sicherer wir uns fühlen, desto selbstsicherer und bestimmter können wir arbeiten, also locker-lässig über die »Wellen des Arbeitstrubels gleiten«. Und das wiederum sorgt für guten Flow im Job.

Und wenn Ihnen mal wieder ein Kollege die Ohren vollheult oder nur seine Wochenenderlebnisse teilen möchte, vereinbaren Sie eine feste Zeit nach Feierabend und sprechen Sie in Ruhe.

ES WIRD IHNEN GERADE ALLES EIN WENIG ZU VIEL?

Hier ein paar einfache SLOW-Maßnahmen zur Sofort-Anwendung:

Einen ruhigen Ort aufsuchen.
Das kann ein anderes Zimmer sein.
Oder Sie gehen kurz vor die Tür und schnappen frische Luft.
Oder einfach kurz auf das Gäste-WC.

Gute Gedanken schöpfen:
Das schaffe ich, ich habe schließlich schon einiges gemeistert, also warum nicht diese Situation?!?

Hinsetzen und tief durchatmen.

Erkennen: Ich bestimme jetzt wieder das Tempo – und das wird gedrosselt!

Augen schließen und innehalten.

Beruhigende Musik hören.

Sich klar machen:
Egal was gerade ist – ich bleibe jetzt ruhig.

Vorausschauen und vorfreuen:
Wenn ich das jetzt über die Bühne bringe, gönne ich mir was Schönes wie eine nette Zeitschrift, einen Restaurantbesuch oder einen Kurzausflug.

Erste

WEITERE SOFORT-SLOW-HILFSMITTEL:

In die Sauna gehen und alle Temposünden des Tages rausschwitzen.

Die beste Freundin anrufen, ihre nette Stimme hören und sich aufmuntern lassen.

→ An einen wunderbaren Ort träumen.

Buchstäblich das Tempo drosseln: langsamer reden, kauen, gehen, lesen, fahren, tippen.

Tee-Pause einlegen und dabei nichts tun außer Tee trinken.

Offline gehen: Handy lautlos stellen, Anrufbeantworter aktivieren und Abwesenheitsnotiz schalten.

Übergangsrituale einführen, z. B. gleich nach der Arbeit 10 min Ruhe gönnen, Stretch-Übungen machen, ein Bad nehmen oder das Abendessen bewusst geniessen.

Einen Brief schreiben und dabei die eigenen Gedanken sortieren. Schöner Zusatzeffekt: Jemandem eine Freude damit bereiten.

Überflüssige Dinge canceln.

⚠ Vorsicht: Nicht gleich alles verschieben, das könnte zu neuen Zeitproblemen führen.

Hilfe

Slobbies tragen SLOW-Brillen

Wir haben es zu Beginn des Tages bereits feststellen müssen: Wir sind Gewohnheitstiere. Denn leider verlernen wir schnell das Staunen im Alltag und sehen das Schöne um uns herum nicht mehr. Wenn Sie heute also noch nicht mindestens fünf Dankes-Punkte zusammen haben, dann setzen Sie jetzt Ihre SLOW-Brille auf und zählen Sie an allen zehn Fingern ab, was Sie heute Wunderbares auf dem Weg zur Arbeit gesehen, erlebt und gedacht haben. Übertragen Sie das dann ruhig auf den Büroalltag.

Zum Beispiel:

1. Ein schönes Lichtspektakel am Himmel
2. Eine Amsel, die mich nicht so schnell entdeckt hat
3. Der Genuss eines wirklich leckeren Cappuccinos
4. Eine spontane Begegnung mit einem alten Bekannten
5. Die Verabredung auf einen späteren Kaffee
6. Der Fund eines 2-Euro-Stückes
7. Ein wirklich schönes Kleid im Schaufenster
8. Dass meine Familie dieses Mal von der Grippe verschont blieb
9. Die Vorfreude auf den anstehenden Geburtstag
10. Dass ich mich gerade so super mit meinem Chef/Kollegen verstehe

Na, das ist doch nicht so schwer, oder? Was sind Ihre täglichen 10 Glücksgoodies, für die Sie Dankbarkeit aussprechen wollen? Während Sie sich auf die schönen Dinge konzentrieren, richten Sie die Aufmerksamkeit nicht noch zusätzlich auf Ihr Smartphone. Wenn Sie beim Gehen etwa auch noch gleichzeitig ins Brötchen beißen, bekommen Sie Ihr Essen doch gar nicht richtig mit! Machen Sie SLOW und immer nur eine Sache nach der anderen. So erfahren Sie wahre Entschleunigung, noch bevor der Tag richtig losgehen konnte. Auf der nächsten Seite ist Platz für Ihre persönlichen 10 Glücksgoodies.

Meine 10 Glücksgoodies
1
2
3
4
5
6
7
8
9
10

Zen-Gärtchen fürs Büro

1\.

Material

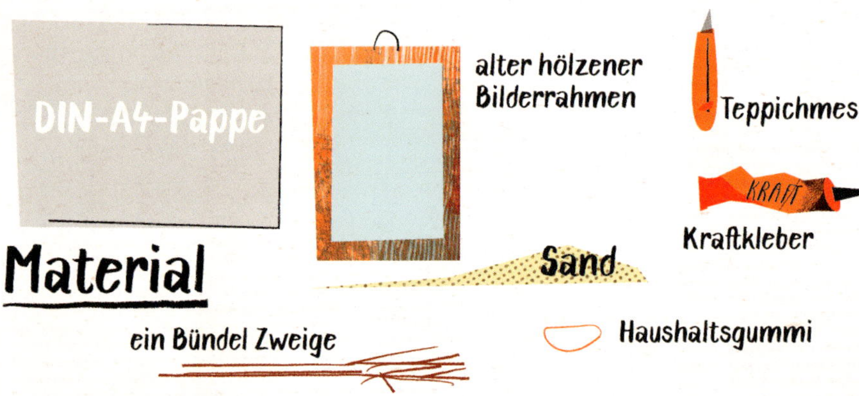

2\.

Glasscheibe entnehmen

3\.

Kleben Sie dann den Holzrücken auf die **Pappe**.

4.

Schneiden Sie die überstehende Pappe zurecht

Sobald der Kleber getrocknet ist,

5.

verwenden Sie, wenn möglich, feinen (Deko-)Sand

streuen Sie den Sand vorsichtig in die Mitte

6.

Astbündel
mit einem Gummi zu einem Mini-Besen zusammenschnüren

7. Gärtchen anlegen

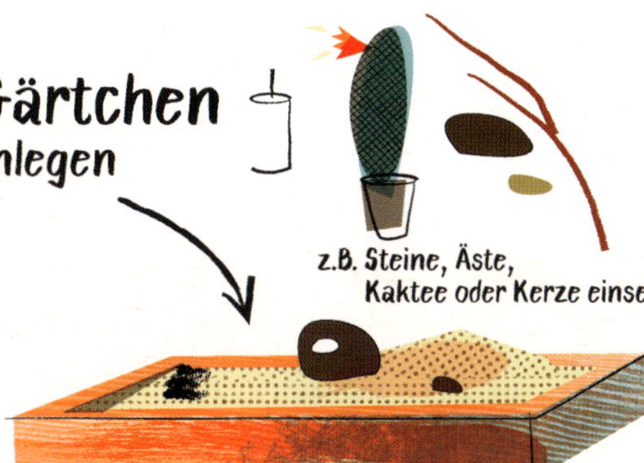

z.B. Steine, Äste, Kaktee oder Kerze einsetzen

Fertig!

Zen-Gärtchen im Büro

Ruhe, Gelassenheit und Langsamkeit verbinden wir gerne mit Natur: etwa mit Steinen, Sand und Bäumen. Versuchen Sie, täglich ein wenig Grün – Vitamin N, Sie erinnern sich – zu erhaschen, indem Sie beispielsweise auf dem Arbeitsweg durch den Park laufen. Oder verlegen Sie die Mittagspause doch mal ins Grüne und machen Sie ein Picknick im Innenhof. Sie können auch für kleine Achtsamkeits-Rituale im eigenen Büro sorgen, indem Sie sich einen kleinen Zen-Garten basteln. Denn in der Ruhe liegt die Kraft: Dafür brauchen Sie nichts weiter als eine DIN-A4-große Pappe, einen alten hölzernen Bilderrahmen, etwas Sand und ein Bündel zusammengesteckter Zweige. Was tun Sie nun damit? Entfernen Sie das Glas aus dem Bilderrahmen und kleben Sie dann den Holzrücken auf die Pappe. Schneiden Sie die überstehende Pappe zurecht und passen Sie sie an die Größe des Rahmens an. Sobald der Kleber getrocknet ist, streuen Sie den Sand vorsichtig in die Mitte (verwenden Sie, wenn möglich, feinen (Deko-)Sand). Nun sind Sie fast fertig. Mit dem Ast-Bündel, zusammengeschnürt mit einem Gummiband, haben Sie sich so eine Art Mini-Rechen für Ihren Sandteppich gesteckt. Sie können auch Teelichter (nur zur Deko), kleine Kakteen oder Dekosteine hineinsetzen, je nachdem was Sie ästhetisch ansprechend finden und was Sie direkt in Versenkung führt. Jetzt positionieren Sie das Gärtchen in Ihrem Bürozimmer so, dass Sie es im Blick haben und vielleicht beim Vorbeigehen, etwa am Aktenschrank oder auf der Fensterbank, zum »kontemplativen Fegen« kommen. Ihre Kollegen werden Sie nun mit Sicherheit aus Neugier öfters aufsuchen.

Alles zur richtigen Zeit

Beinahe jeder arbeitet heute mit intelligenten Medien – erfahren Sie mehr zu im Kapitel »SLOW-Media« (Seite 66). Und damit kennt auch jeder die zwei wichtigsten Ausdrücke einer E-Mail: ASAP (= as soon as possible, »so schnell wie möglich«) und FYI (for your information, »zur Kenntnisnahme«). Doch irgendwie, so scheint es, müssen sämtliche Informationen geteilt und alles sofort erledigt werden. Denken Sie an Ihre Prio-Liste! So können wir nicht arbeiten. Daher lassen Sie sich nicht weiter von diesen Abkürzungen unter Druck setzen und definieren Sie um: Sie sind schließlich Slobbie, also heißt es in Ihrem Arbeitsslang fortan AIGT (= all in good time, was in etwa heißt »alles zu seiner Zeit«). Der neue Ausdruck impliziert auch das kleine nette Wörtchen »good«. Nur so können Sie tatsächlich gute Arbeit leisten! Gut ist nämlich, wenn Sie Ihr Tempo möglichst selbst bestimmen und sich nicht hetzen beziehungsweise von äußeren Umständen unter Druck setzen lassen. Nicht dass Sie mich falsch verstehen: Ich fordere Sie nicht zum langsamen oder gar trägen Arbeiten (am besten noch im Zeitlupentempo) auf. Die beste und produktivste Arbeit werden Sie wahrscheinlich im FLOW – also einem Zustand, der idealerweise zwischen Machbarkeit und Herausforderung liegt, der uns die Zeit vergessen lässt, weil wir völlig im Tun aufgehen – leisten. Doch diesen Flow-Zustand erleben wir eher recht selten, solange das Tempo ständig erhöht, unser Tun von außen bestimmt und damit auch ständig unterbrochen wird.

Entschleunigte Auswärtstermine

Heute ist es oft üblich, sein Kundennetz auch außerhalb des Unternehmens zu pflegen. Das bedeutet Mietwagenabo und Flugmeilen – und damit ständiges Unterwegssein. Für viele heißt das Termindruck, unregelmäßige Mahlzeiten, zu viel Naschereien zwischendurch und immer das Handy am Ohr.

Zeit für den SLOW-Auswärtsgang! Denn diese Termine bieten endlich die Gelegenheit, aus der täglichen Routine auszubrechen, etwas Neues zu erleben und das Zeitempfinden aufzufrischen. Sehen Sie es doch auch mal so: Sie kommen raus aus dem Alltagstrott und bereisen neue Orte und stoßen auf neue Menschen. Jeder Tag ist abwechslungsreich und immer gut für eine Überraschung. Machen Sie was daraus! Gehen Sie abends zum Beispiel nicht mehr so spät essen, damit Sie morgens früher aufstehen, um zum Beispiel die Ortschaft zu erkunden. Die meisten beschweren sich nämlich, beruflich zwar die ganze Welt zu bereisen, aber im Prinzip nichts wirklich vor die Linse zu bekommen. Nutzen Sie die frühen Morgenstunden gleich zum Sightseeing, noch lange bevor die Touristenströme herbeiziehen. Entspannter und gleichzeitig aufregend kann so ein Tag doch gar nicht beginnen. Schließlich haben Sie noch viel vor! Aber anstatt morgens mit Ihrem Kollegen bei Spiegelei und Milchcafé in »Besprechung« zu gehen, genießen Sie das Ambiente – möglichst schweigend! Sprechen und besprechen Sie, wenn möglich, nichts, was mit Ihrer Arbeit zu tun hat, beobachten Sie stattdessen lieber das ruhige Treiben um Sie herum. Seien Sie völlig im Hier und Jetzt: Nur Sie, der Kaffee und das meditative Gemurmel der anderen Gäste. Herrlich! Führen Sie die SLOW-Fokussierung auch in Ihrem Hotelzimmer fort. Also statt Glotze und Bett verweilen Sie am Fenster, lassen sich ausgiebig Zeit bei der Körperpflege und genießen die angenehme Stille. Ihre Gedanken können sich entfalten und Sie kommen sicherlich noch auf den ein oder anderen guten Einfall. Mehr zu diesem Thema finde Sie auch unter den »Kleinen Erholungsinseln« (Seite 86).

Hektisches Leben – schnelles Essen

So wie Sie Ihren Jahresurlaub zur Regeneration benötigen, brauchen Sie tägliche Pausen als notwendige Erholungsinseln. Sie sind bei uns sogar gesetzlich vorgeschrieben. Nach sechs Stunden müssen Sie eine halbe Stunde pausieren, und ab neun Stunden steht Ihnen eine Dreiviertelstunde Pause zu. Bestenfalls holen Sie sich die Erlaubnis eine Stunde am Stück zu pausieren. Diese kurzen Unterbrechungen sind dazu da, um unsere Speicher wieder aufzuladen. Das klappt aber nur, wenn wir den Arbeitsbereich verlassen, frische Luft schnappen und uns mit nahrhaften Speisen stärken. Stattdessen aber reduzieren wir unser Mittagsessen auf einen Snack, einen Riegel oder einen Happen zwischendurch. Der Ausdruck »Lunch« (englisch für das Butterbrot zwischendurch) oder »Imbiss« deuten bereits auf den flüchtigen Charakter unserer Mittagspause hin. Unser Essen wird zu Fast Food, im wahrsten Sinne des Wortes. Wir holen uns ein abgepacktes Sandwich, welches wir schnell mal unterwegs und im Gehen runterwürgen. Wo sollten wir es sonst auch essen? Es gibt kaum Sitzmöglichkeiten, geschweige denn »Tische« oder ruhige Plätze im öffentlichen Raum. Und im Betrieb? Wenn sich auch das Kantinenessen mit seinen »Veggie«-Tagen gebessert hat, so richtig pausieren können Sie in diesem Trubel auch nicht. Dort laufen Sie vielleicht Ihrem Chef über den Weg und die Gesprächsthemen am Tisch drehen sich schließlich auch wieder nur um die Arbeit. Dann können Sie doch gleich am Monitor kleben bleiben, dort haben Sie jetzt wenigstens etwas Ruhe, nicht wahr?! Überlegen Sie nun kurz, wie Ihre typische Mittagspause aussieht. Was, wo und mit wem essen Sie täglich? Was müsste sich idealerweise verbessern, damit Sie die Pause zur Erholung besser nutzen könnten? Wie viel Fast Food essen Sie in der Regel während der Arbeitswoche? Und wo ist Ihr Platz für den täglichen Rückzug und für die kurze Regeneration?

Schnell mal runter damit

Denken Sie an unser SLOW-Prinzip: Verabschieden Sie sich von der Geschwindigkeit beim Essen. SLOW-Food bedeutet Freude am Essen, Sinnlichkeit, Genuss und Gemütlichkeit. SLOW-Food bedeutet auch, ein Bewusstsein für unser »täglich Brot« zu entwickeln und sich ausreichend Zeit für die Mahlzeit einzuräumen. Schauen wir uns doch mal um: Einige scheinen förmlich das Essen zu attackieren. Sie beißen, zerren und stopfen die Gabel in den Mund, bevor sie den letzten Bissen überhaupt zu Ende gekaut haben. Andere wiederum setzen sich erst gar nicht und nehmen stattdessen ihr Sandwich »to go«.

Schalten Sie auf SLOW: Ankommen, Platz nehmen und sich anschließend völlig und lustvoll auf das Essen konzentrieren. Langsames Essen sensibilisiert uns zudem, besser auf unser Sättigungsgefühl zu achten. Hier spielt also wieder unser Körperfeeling eine Rolle. Magen und Kopf haben im gewissen Sinne eine lange Leitung – umso wichtiger ist es, sich hier genügend Zeit einzuräumen (sonst isst man am Ende wieder mehr als nötig). Und je mehr Aufmerksamkeit dem Essen zukommt, desto genussvoller ist es und desto erfüllter fühlen wir uns am Ende. Probieren Sie es gleich mal aus und wundern Sie sich über diese ganz simple Tatsache: Je bewusster wir kauen und schlucken, desto gesättigter fühlen wir uns danach. Sind wir jedoch beim Essen abgelenkt, wandert automatisch mehr in unseren Magen.

Eine ganz simple SLOW-Eating-Methode (und eine gute Übung) ist das Essen mit Stäbchen – vor allem für den, der es noch nicht ganz beherrscht. Probieren Sie es mal aus. Oder nehmen Sie die Gabel einfach in die andere Hand. Garantiert drosseln Sie Ihr Ess-Tempo damit und erleben auf einfache Art und Weise, was es heißt, sich zu 100% auf das Essen konzentrieren zu müssen und sich wirklich Zeit dabei zu lassen (sonst bleibt ja nichts auf dem Stäbchen liegen).

Lassen Sie sich fortan viel mehr Zeit – ob Sie nun eine ganze Stunde für Ihre Mittagspause einplanen oder lieber zweimal für je 30 Minuten pausieren, das hängt von Ihrer individuellen Tagesform ab. Schön wäre es natürlich, wenn Sie es flexibel und nach individuellem Gefühl einrichten könnten.

SLOW-Foot

Und wenn Sie schon dabei sind: Schalten Sie auch beim Gehen einen Gang runter! Das Tempo der Stadt ist unnatürlich hoch. Achten Sie einmal darauf. Sobald Sie den Arbeitsplatz für die Mittagspause verlassen, fragen Sie sich: Warum habe ich es so eilig? Wo will ich denn so schnell hin? Kann das nicht warten? Probieren Sie dann Folgendes aus: Reduzieren Sie Ihr Tempo bewusst und verkürzen Sie die Schritte. Was passiert? Sie werden sehen, wie durch ein Wunder haben Sie fortan gefühlt mehr von Ihrer Zeit und spüren körperliche Entspannung. Erinnern Sie sich, Sie sind selbst die Zeit! Also: Rennen Sie nicht, sondern flanieren Sie, schauen, schnuppern und hören Sie dabei Ihre Umgebung und erfahren Sie auf diese Weise, wie es sich anfühlt, locker-lässig durch den Tag zu surfen. Im Folgenden soll Ihnen die Übung dabei helfen.

SLOW-Übung: Bei Eile geh langsam

Ein japanisches Sprichwort sagt: »Wenn du es eilig hast, gehe langsam.« Folgende Übung zeigt, wie es langsam geht, auch in der Eile:

- [x] Picken Sie sich eine Alltagstätigkeit heraus, z.B. Geschirr spülen.
- [x] Konzentrieren Sie sich auf die Tätigkeit. Alles andere ignorieren Sie völlig.
- [x] Reduzieren Sie die Geschwindigkei, bis Sie das Gefühl haben in Zeitlupe zu arbeiten und behalten Sie dieses Tempo bei.
- [x] Lenken Sie sich dabei nicht ab, bleiben Sie bei der Sache: körperlich und mental.
- [x] Resümieren Sie im Anschluss: »Wie habe ich mich dabei gefühlt?«, »Wie empfand ich die Zeit?«, »Wie wirkte die Umgebung auf mich?«
- [x] Wiederholen Sie die Übung immer dann, wenn Sie sich getrieben fühlen.

Powernapping im Bürostuhl

Der Begriff »Powernapping« ist eigentlich schlecht gewählt. Es ist wieder so ein Effizienzwort, nach dem Motto »Ein Nickerchen für noch mehr Leistung«. Aber hinter Powernapping verbirgt sich ein kurzes Mittagsschläfchen, der Mußekuss schlechthin. Ein Mittagsschläfchen ist also nicht nur etwas für Kleinkinder oder Großeltern, sondern ein Frischekick gerade für Vielbeschäftigte. Ob Sie dadurch nun Ihre Leistung weiter steigern oder sich einfach nur erholt und wieder ausbalanciert fühlen wollen, einfach mal die Augen zwischendurch schließen tut der Gesundheit wirklich gut! Wann haben Sie das letzte Mal ein kurzes Mittagsschläfchen in der Pause gehalten? Es reichen oft nur wenige Minuten.

Versuchen Sie es doch einfach mal mit einer Viertelstunde Dösen. Üben Sie das Ganze ruhig vorher am Wochenende. Dafür brauchen Sie weder ein Tagesbett noch eine Couch. Manchmal genügt der Arm als Kissen auf dem Schreitisch. Können Sie sich vielleicht in Ihrem Büro einschließen? Dann legen Sie das Jackett ab, ziehen Sie Ihre Schuhe aus und machen Sie es sich so richtig bequem im Bürostuhl.

Wenn Sie sich aber mit dem Gedanken des Dösens am Arbeitsplatz nicht anfreunden oder in so kurzer Zeit nicht einnicken können bzw. nicht dürfen, denn nach wie vor ist das Mittagsschläfchen in deutschen Unternehmen verpönt, dann hilft Ihnen vielleicht eine Runde bewusstes Augenschließen, eine entspannte Atemübung oder Sie können auch einfach nur stillschweigend am Fenster sitzen und das Treiben da draußen in Ruhe beobachten. Hauptsache aber, Sie fahren alle anderen Sinnesantennen ein und erlauben sich ein kurzes Abschalten.

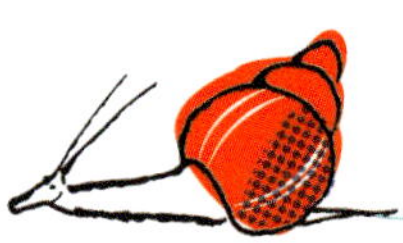

Tea Time

Eine Tasse Tee eignet sich herrlich zum »Downshifting«, wenn es mal wieder stressig wird. Nicht ohne Grund gibt es in aller Welt wunderschöne Teerituale, die Stunden andauern können. Machen Sie diesen kleinen Aufwärmer doch zu einem regelmäßigen SLOW-Moment in ihrem Alltag.

Vielleicht können Sie sich täglich dafür fünf bis zehn Minuten aus dem Geschehen nehmen. Besorgen Sie sich eine hübsche Büro-Tasse und unterschiedliche Teesorten. Es gibt mittlerweile so viele tolle Geschmacksrichtungen: vom belebenden Roibush-Zimt-Tee bis hin zum grünen pulvrigen Matcha-Tee. Teetrinken ist rituelles Abstandnehmen zu dem, was Sie gerade antreibt.

Mit der Tasse Tee in der Hand können Sie auch schlecht hastige Bewegungen machen. Hier geht es um Ihre innere Balance: wunderbar, denn Innehalten üben Sie ja sowieso seit heute Morgen. Ihr Teeritual bietet außerdem die perfekte Gelegenheit, sich und seinem Zeitgefühl wieder näherzukommen. Wenn Sie Tee trinken, tun Sie daher nichts anderes als das. Spüren Sie die warme Tasse in Ihren Händen, atmen Sie Dampf und Duft ein, probieren Sie kleine Schlucke und seien Sie ganz bei sich. Wieder so eine herrliche Me-Time. Ihre Zeit.

Im Teetrinken können Sie sich erneut dankbar zeigen für das, was ist, und das, was Sie heute schon alles erledigen konnten. Haben Sie schon alle 10 Zufriedenheits-Punkte (abgezählt an Ihren Fingern) für heute zusammen? Da gibt es die nette Kollegin, ein erfolgreiches Telefonat und die Sonne, die Ihnen direkt ins Büro scheint. Nach Ihrer kleinen Tee-Zeremonie nehmen Sie sich erneut die Prio-Liste (Seite 38) zur Hand und lokalisieren Sie Ihren Standpunkt neu. Brechen Sie nicht gleich in Panik aus, wenn Ihnen der Aufgabenberg noch immer so gewaltig groß erscheint. Tempo anziehen kann zwar manchmal hilfreich sein, aber machen Sie keine Autobahn daraus. Mit Teetrinken bleiben Sie im Fluss.

In den Feierabend gleiten

Hier liegt das Glück begraben.

Endlich geschafft. Zumindest den offiziellen Teil des Tages! Jetzt geht's um das Private. Aber der Feierabend beschränkt sich nur auf wenige Abendstunden und die sind schnell gefüllt mit Einkauf, Abwasch, Besprechung mit dem Partner, Papierkram und Schularbeiten mit den Kindern. Viele dieser Tätigkeiten sind nervig, doch haben sie ebenso das Potential zum Müßiggang. Zum Beispiel der Gang zum Supermarkt, Gemüse schneiden, Gespräche führen und den Abwasch erledigen: alles Rituale zum Innehalten, erinnern Sie sich?

Doch erst einmal sehen Sie nur den Klamottenberg, das Altpapier, die Terminlisten und Staubmäuse vor sich liegen. Und damit das alles vermeintlich besser und schneller geht, wird gerne zweigleisig verfahren (das kennen Sie ja nur zu gut aus anderen Bereichen). Beim Kochen wird telefoniert, beim Essen der nächste Tag besprochen usw. Wir sind mit unseren Gedanken dann natürlich ganz woanders: Während die Tochter uns von ihrem Schultag erzählt, denken wir bereits an das anstehende Meeting im Büro. Wir wollen – nein, müssen scheinbar – so viele Dinge in unsere Abendstunden stopfen. Kein Wunder, dass wir auch hier ständig das Tempo erhöhen und ganz schön unzufrieden einschlafen.

Gelegentlich überkommt uns das nagende Gefühl, man lebe nur noch, um

zu arbeiten! Wo bleibt denn das sehnliche Gefühl des »dolce far niente« (italienisch für »das süße Nichtstun«), von dem man immer wieder hört?!? Wir haben doch jetzt Feierabend! Wir sollten das Leben sprichwörtlich feiern, es gibt immer einen Grund. Wo sind die blauen Stunden geblieben, die unsere Großmutter bei Kerzenschein und Strickerei noch pflegte? Wie können wir uns endlich wieder wachrütteln, um den Abend mit all seinen Vorzügen zu zelebrieren?

Aus Müssen wird Dürfen

Haben Sie noch Ihre SLOW-Brille? Die steht Ihnen sehr gut, auch zum Feierabend können Sie diese ruhig anlassen. Formulieren Sie unliebsame Bezeichnungen wie »Aufgabe« oder »Pflicht« in viel schöner klingende Worte wie zum Beispiel »Achtsamkeits-Abwasch« oder »Muße-Einkauf« um. Veräppelt man sich dabei nicht selbst?, werden Sie sich jetzt fragen. Nein, Sie üben sich lediglich in positivem Denken und machen aus jeder Pflichtaufgabe ein pures Vergnügen. Die vielleicht als lästig empfundenen Hausaufgaben mit den Kindern sehen Sie fortan als »Back to School-Event«. Denn eigentlich ist es doch super, seine eingerosteten Mathekenntnisse oder den Französisch-Wortschatz auf diese Weise wieder aufzufrischen.

Suchen Sie also nach den überall im Alltag versteckten Glückserlebnissen und Sie werden schnell feststellen, dass gerade die Dinge, die so selbstverständlich, gewöhnlich, ja sogar manchmal nervig sind, echtes SLOW-Potential haben. Dasselbe funktioniert natürlich auch mit der Vorstellung von »müssen« und »sollen«. Welch erstaunliche Wirkung es doch hat, stattdessen besser von »dürfen« und »können« zu sprechen. Machen wir doch gleich den Feierabend-Check! Wo werden Aufgaben und Pflichten (= das Muss und Soll) zu fabelhaften SLOW-Chancen?

Auf dem Nachhauseweg. Endlich Zeit zum Runterkommen. Ein tolles Ritual, um sich von der Arbeit physisch, aber auch mental zu entfernen. Der Übergang glückt vor allem dann, wenn wir uns jetzt nicht zusätzlich stressen lassen, etwa durch Berufsverkehr, »offene« Telefonate oder Zeitdruck. Schalten Sie Ihr Handy (wenn möglich) leise, nehmen Sie die weniger befahrene Straße, auch wenn Sie dann ein paar Minuten länger brauchen, stöpseln Sie sich Ihre Lieblingsmusik ins Ohr und machen Sie sich schöne Gedanken. Gleiten Sie so langsam in den Feierabend! Der Rückweg kann, wenn richtig angestellt, als SLOW-Übergangsritual dienen.

In der Warteschlange. Egal ob an der roten Ampel oder an der Busstation. Warten heißt automatisch Runterkommen! Bleiben Sie einfach mal stehen und lassen Sie das Handy ruhig stecken. Und nutzen Sie diesen Moment, um ganz bei sich zu sein, zum Beispiel indem Sie sich auf Ihren Atem konzentrieren. Fühlen Sie die Füße fest am Boden und achten Sie darauf, wie sich Ihre Bauchdecke vor- und zurückbewegt und versuchen Sie den Atem weiter auszudehnen. Tiefer, ruhiger und immer schön langsam.

Zuhause. Probieren sie die Wechselatmung aus dem Yoga aus. Fühlen Sie die

Füße fest am Boden. Mit einem Finger der rechten Hand das rechte Nasenloch zuhalten. Jetzt durch das linke Nasenloch einmal aus- und einatmen. Anschließend das linke Nasenloch zuhalten und durch das rechte Nasenloch aus- und einatmen.

Sie werden merken – egal ob unterwegs oder Zuhause – es tut gut, eine Weile Wurzeln zu schlagen, durchzuatmen und das Treiben um sich herum wie Wolken einfach an sich vorbeiziehen zu lassen.

Mit SLOW lecker kochen

Verkomplizieren Sie Ihr Abendessen nicht unnötig. Meistens ist das einfache Abendbrot viel schmackhafter als ein aufwendiges Rezept aus der Lieblings-Frauenzeitschrift. Es muss nicht immer das große Etwas sein. Verschieben Sie aufwendige Rezeptideen besser auf den Sonntagnachmittag oder instrumentalisieren Sie langwieriges Kochen als absolute Anti-Stress-Methode, wenn der Tag sonst nur noch für die Tonne ist! Sie wissen ja vielleicht selbst, wie therapeutisch so eine große Kochaktion hinter verschlossenen Küchentüren sein kann: Frische Produkte, dampfende Töpfe, große Löffel und brutzelndes Fett liefern ein gaumenfreudiges Erlebnis, dass sich schmecken lassen kann!

Wo, wenn nicht beim Essenzubereiten, Tischdecken und Abwasch, kann man fühlbar entspannen (wenn man eben nicht parallel und energisch den nächsten Tag plant, rumdiskutiert und nebenher noch anderen Verpflichtungen nachkommt). Man kann es in Ruhe, bei angenehmer Musik, bei Kerzenschein oder im netten Gespräch mit seinem Liebsten tun. Auch die Kinder lassen sich wunderbar miteinbeziehen, wenn eben alles in einem gemäßigten Tempo und mit »fließenden« Bewegungen vonstattengeht. Seien Sie selbst ein Vorbild und die Ruhe in Person. Denn vielleicht haben Sie es schon bemerkt: Ruhe steckt an! Auch das Brotschneiden, Teekochen und Serviettenfalten oder das Eintauchen der Finger in warmes Spülwasser sind kleine Meditationen. Auf Ihre Einstellung zu den Tätigkeiten kommt es an.

Küchenarbeit? Ne, Quality Time!

Vor allem Kinder lieben die einfache Küche (was nicht heißt, ständig zur Fischstäbchen zu greifen), wo sie auch problemlos mit eingebunden werden und richtig Spaß haben können: den Tisch decken (nach Art der Kids – mit bunten Servietten und Strohalmen!), Gurken schälen und schnippeln, den Lieblingskäse anrichten. Als Erwachsener gehen Sie natürlich mit gutem Beispiel voran: Zeigen Sie (und leben Sie es vor), dass tägliche Pflichten auch Glückspotential haben. Dann gehen die Kleinen ebenfalls positiv an die Sache heran. Und zugegeben, zusammen macht's auch viel mehr Spaß: Stellen Sie Musik an, lachen und erzählen Sie, zaubern Sie aus der Routineaufgabe echte Quality Time – und darum geht es doch am Ende! Schließlich lockt die gute Laune aus der Küche jedes verzogene Familienmitglied aus seinem Zimmer. Am Ende kann keiner widerstehen (und der Abwasch ist gemeinsam in null Komma nichts erledigt).

Sie sehen, es muss nicht immer das große Auftischen bedeuten. Und ein kleiner Tipp noch: Sorgen Sie, wie bereits morgens ausprobiert, auch hier für ein schönes Ambiente am Esszimmertisch mit Kerzen, Servierten und frischen Köstlichkeiten. Laufender Fernseher, Laptop, Smartphone, Bücher, Zeitung, liegengebliebene Arbeit und komplizierte Gespräche haben hier selbstverständlich nichts verloren.

STERNSTUNDEN des Tages

1

2

3

4

5

Persönliche Sternstunden

Und wenn Sie endlich irgendwann ins Bett fallen, fragen Sie sich: Was würden Sie jetzt lieber tun, im Speedmodus »durch die Galaxis« oder lieber von unten, bequem aus der Hängematte heraus, Sterne beobachten? In der Tat, von hier unten lassen sich viele Sternbilder bewundern. Sie könnten zum Beispiel tatsächlich Sterne zählen oder die 10 Highlights des Tages aufzählen, die Sie heute erlebt haben. Wiederholen Sie dies immer wieder. Das macht müde und entspannt. Schließen Sie so den Tag mit positiven Gedanken und einem guten Gefühl. Das sorgt für süße Träume und ruhige Nächte. Halten Sie Ihre Ideen und Erlebnisse bewusst fest, in einem Tagebuch oder einfach auf Seite 61.

Diesmal machen wir es nicht wie die Surfer, sondern wie die Seefahrer, die immer ein Logbuch führen. Darin halten sie alle wichtigen Ereignisse des Tages fest, um sich selbst in der Weite des Meeres, auch nach einem Sturm, nicht zu verlieren. Gleich hier rechts finden Sie eine Seite für Ihr persönliches Logbuch. Fragen Sie sich in dem Zusammenhang auch, wann für Sie der Tag gut war und nach welchen Maßstäben Sie ihn beurteilen? Hinterfragen Sie Ihre Werteskala ruhig mal: Ist ein Tag erst gelungen, wenn möglichst viele Stationen erledigt werden konnten – oder schenken Sie sich ein Smiley, wenn Sie heute viele Mußestunden erleben durften? Anders als früher werten Sie Ihre Zeit ja nun nach anderen Kriterien. Ihre Blickweise hat sich geändert und Sie haben im Laufe dieses Buches eine eigene Zeitkompetenz entwickelt. »Langsamkeit« ist kein Schimpfwort mehr. Jetzt spüren Sie am eigenen Leib, was es heißt, die Zeit bewusst wahrzunehmen. Automatisch stellt sich so ein SLOW-Gefühl ein! Weg mit dem schlechten Gewissen, wenn es mal ruhiger zuging oder Sie nicht alles geschafft haben! Dafür fühlen Sie sich heute mal nicht ausgepowert, weil Sie während des Tages immer wieder in den SLOW-Modus geschaltet haben. Gratulation! Applaudieren Sie, denn heute sind Sie an vielen Stellen wesentlich entspannter durch den Alltag gesurft. Ganz selbstbestimmt, ganz ruhig.

LOGBUCH

Datum:

Ruheinsel:

Anker:

Mein inneres Wetter heute:

- [ ] bewölkt
- [ ] gemischt
- [ ] sonnig
- [ ] regnerisch
- [ ] stürmisch

GUTE ⚓ FAHRT!

Schlaflose Nächte

Kommt es einem nur so vor, oder schlafen wir heute tatsächlich immer weniger und schlechter? Auswertungen zufolge hat sich unser Schlafpensum in den letzten 100 Jahren um ein paar Stunden verringert. Aber nicht nur die Länge, sondern auch die Qualität des Schlafs lässt nach. Was ist der Grund? Lassen wir tagsüber unseren Gedanken zu wenig Zeit, sich zu ordnen, dreht sich das Kopfkarussell nachts umso schneller, wenn man eigentlich zur Ruhe kommen möchte. Zudem braucht Ihr Kopf genügend Schlaf – mindestens sechs Stunden, besser wären acht. Denn während wir schlafen, arbeitet das sogenannte Reinigungssystem unseres Gehirns: Die Zwischenräume der einzelnen Nervenzellen vergrößern sich, das Blut kann besser zirkulieren und mehr Schadstoffe werden nach außen transportiert. Also Sie sehen, auch hier geht es wieder um den richtigen Flow: Wie kann man sich also zu einer entspannten und erholsamen Nacht verhelfen? Geben Sie Ihren Gedanken schon während des Tages genügend Raum. SLOW-Rituale wie Meditation, Yoga oder Autogenes Training sind gute Methoden für einen ungestörten Gedanken-Fluss. Ein paar Minuten am Tag reichen und der Kopf ist abends ruhiger. Sollte die Zeit einmal tagsüber doch nicht ausreichen, versuchen Sie es mit einem Gute-Nacht-Tagebuch: Notieren Sie Ihre Gedanken, Ideen, Träume, die Sie gerade nicht loslassen. Durch das Niederschreiben holen Sie Gedanken raus aus dem Kopf, aufs Papier! So geht Ihnen nichts Wichtiges verloren, und der Kopf wird frei. Wenn Sie einmal mitten im schönsten Schlaf aufwachen und sich plötzlich in einem Gedankenwirrwarr wiederfinden, das nicht zum Ende kommt, versuchen Sie es auch mal mit Stoßlüften, Teekochen und Wärmeflasche – und immer schön im SLOW-Gang.

Im Folgenden lernen Sie noch ein paar müßige Helfer kennen, die Sie abends zum Abschalten und Entspannen einladen.

Notieren Sie hier all die Gedanken, die Sie beschäftigen.
Entlassen Sie sie aus dem Kopf und übergeben Sie sie dem Papier.

SLOW-Media

Wenn Sie einmal sofort fühlbar runterkommen wollen, gibt es eins, was sofort wirkt: Schalten Sie die elektronischen Geräte ab. Ja, auch das Handy!

Greifen Sie zur Abwechslung ruhig mal zu einem Roman, einem Gedicht- oder einem Bildband. Beobachten Sie, wie das Bücherlesen Ihre Fantasie anregt, tauchen Sie beim Schmökern in eine andere Welt ein und vergessen Sie alles um sich herum. Beim Lesen stößt man nicht nur auf neue Ideen: Anders als beim Film wird hier die Imagination angeregt. Hier haben Sie die Chance, für sich herauszufinden, ob Sie SLOW unterwegs sind. Nehmen Sie sich Zeit. Machen Sie es sich gemütlich und lesen Sie das Buch in Ruhe, im eigenen Tempo. Es ist nicht schlimm, wenn Sie langweilige Kapitel überspringen oder ein Buch nicht zu Ende lesen. Aber wenn Sie lesen, dann lesen Sie. Und nur das! Der Trend zum Speed Reading mag für den PC stimmen, wo man wichtige News in Kürze aufnehmen möchte. Das hat aber nichts mit Lesegenuss zu tun und klappt bei Romanen, Sachbüchern oder Biografien kaum. Lesen heißt mitfiebern, sich an fremde Orte beamen, mitten hineintauchen in der Geschichte, in andere Personen, in eine andere Zeit. Und schon gewinnt man wieder kostbare ME-Time, Zeit nur für sich, das pure Gegenteil von Stress. Keine lauten, schnellen Szenen am TV, sondern Bilder, die nur in Ihrer Fantasie existieren und Worte, die sich in unser Herz und unsere Gedanken brennen.

Ihnen steht heute nicht der Sinn nach Lesen, die Augen sind zu müde? Kramen Sie doch mal im Keller oder auf dem Dachboden, vielleicht findet sich da noch ein alter Plattenspieler samt LPs? Das ist sowas von SLOW und Ihre Kinder finden das sicher retro!

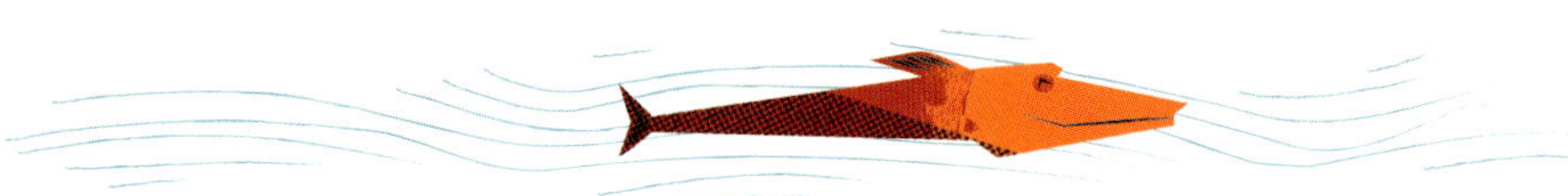

SLOW-Sport

Sport muss nicht immer Power bedeuten. Auch hier kann es entspannt zugehen. SLOW ist alles, was nicht mit Wettkampf, Zeitdruck, Leistungszwang oder Optimierungsdrang in Verbindung steht. Wählen Sie also eine Bewegungsart, die Sie förmlich zum Entspannen einlädt, wo Sie zur Ruhe kommen, aber auch körperlich etwas herausgefordert werden. Eine gute und heute sehr beliebte Übung ist Yoga. Die Yogaübungen werden langsam, achtsam und fließend ausgeführt. Sie lassen sich sogar jederzeit in den Alltag integrieren und zum Beispiel mit alltäglichen Haushaltsritualen verbinden. Führen Sie dabei jede Bewegung dynamisch, ausgewogen und bewusst aus: Am Waschbecken stehen Sie auf einem Bein, unter der Dusche drehen Sie Ihren Rumpf leicht zur Seite, beim Schnüren der Schuhe beugen Sie sich langsam und mit geradem Rücken nach vorne, beim Fahrstuhlfahren kneifen Sie die Pobacken zusammen und führen Sie die Schulterblätter zusammen. In der Warteschlange stellen Sie sich vorsichtig auf die Zehenspitzen und beim Kochen schwingen Sie die Hüften langsam im Kreis zum Takt der Musik. Im Yoga vereinen Sie Körper und Geist, und Alltagspraktiken erhalten somit einen stärker meditativen Charakter. Denn indem Sie den einzelnen Bewegungen mehr Aufmerksamkeit schenken, schalten Sie automatisch Ihr »Kopfkino« aus. Zuhause können Sie jederzeit Ihre Yogamatte ausrollen, bestenfalls im Wohnzimmer, damit auch Ihre Kinder gleich mitturnen können. Massieren Sie dabei auch mal Ihre Fußzehen, indem Sie sich vorsichtig nach vorne beugen und nach den Fußspitzen greifen. Strecken Sie Ihre Hände auch an die Decke, schließen Sie gelegentlich die Augen, atmen Sie tief durch und lauschen Sie mal aufmerksam, was um Sie herum passiert.

Mit Yoga im Alltag ersparen Sie sich definitiv den manchmal stressbereitenden Gedanken, heute noch Sport machen zu müssen. SLOW-Sport ist aber nicht nur Yoga, empfehlenswert ist auch das Training mit dem eigenen Körpergewicht, leichte Übungen aus dem Thai-Chi oder meditatives Laufen.

Zeit mit seinen Liebsten

Wie Liebe und Freundschaft von SLOW profitieren.

Die innere Uhr bei Kindern funktioniert anders als bei uns Großen. Ihr Denken und Handeln wiederspricht offenbar unseren erwachsenen Vorstellungen von Zeit, Werten und Bedeutsamkeitsverständnis. Mit ihrer kindlichen Art stellen die Kids unser komplettes Tagesprogramm auf den Kopf. Die Kleinen achten nicht auf die Uhrzeit. Sie wollen spielen und die Welt erkunden. Sie sind stark gegenwartsbezogen, Zukunftspläne scheinen für sie irrelevant zu sein, aber sie sind gleichzeitig auch Meister der Fantasie und ziemlich gut im Träumen. Ihre tatsächliche Empfindung für Zeit entwickelt sich erst mit den Jahren. Dieser Zeitwiderspruch macht sich besonders bemerkbar, wenn wir Erwachsenen regelrecht in Zeitstress geraten, sobald beide Zeitwelten aufeinandertreffen. Während wir hastig durch die Gegend flitzen, den Kleinen hinterherräumen und genervt auf die Uhrzeit verweisen, schlendern sie quietschvergnügt umher und lassen sich dabei auch nicht aus der Ruhe bringen. Sie verstehen unseren Erwachsenentakt nicht wirklich, denn ihre Welt ist voller Glücksmomente.

Kinder ticken anders: SLOW-Parenting

Wie gelingt mit Kids der Spagat zwischen Zeit und Stress, Müssen und Wollen? Eltern sollten ihren Kindern wieder mehr zutrauen und sie mehr einbeziehen, und

das nicht nur, wenn es um die Wahl des Abendessens oder des TV-Senders geht. Kinder müssen wieder eigenverantwortlicher werden. Das heißt im Klartext: Sie sollten die Verantwortung für ihre Dinge und Aufgaben übernehmen. Das fängt bei den Hausaufgaben an, geht über die eigene Kleidung bis hin zu kleinen Aufgaben im Haushalt. So schaufeln sich die Eltern wieder mehr Zeit frei – die sie zusammen mit den Kindern verbringen können. Family-Time statt erzwungenen Tischdeckens, das klappt, wenn alle mitanpacken.

SLOW-Education

Unsere Kinder sind zunehmend gestresst, hyperaktiv und sogar ausgebrannt! Kein Wunder, denn das Leistungspensum in der Schule steigt. Noten spielen in Zeiten mangelnder Arbeitsplätze für Jugendliche natürlich eine herausragende Rolle. Für viele bleibt kaum noch Zeit für Spaß und Spiel am Nachmittag und Wochenenden. Der Druck wird immer höher. Der Hirnforscher Gerald Hüther ruft auf zur Rückkehr zur Natur, damit das Lernen wieder Spaß bereitet.

Was zum Schulstress noch erschwerend hinzukommt, sind die »Helikopter-Eltern« – überbesorgte Väter und Mütter, die sich oft zu intensiv und pausenlos um den Nachwuchs kümmern. Die Idee von SLOW-Parenting ruft nach selbstständigen und autarken Kindern. SLOW-Mummies und -Daddies tauschen einfach den Hubschrauber gegen ihr Surfbrett, ist doch klar! Konkret heißt es: Wenn sich Ihr Kind heute mal die Schüssel selbst mit Cornflakes füllt, dann klatschen Sie in die Hände und lehnen Sie dabei entspannt zurück. Sie wissen ja, Fehler sind immer noch die besten Lehrer. Wenn es dann doch mal danebengeht, dann haben die Krümelmonster unterm Tisch wenigstens wieder Nachschub! Spaß beiseite oder jetzt erst recht: Lassen Sie Spaß ins Haus, dann klappt es auch mit den SLOW-Kids.

Mit Langeweile zu neuen Ideen

Heute ist es ganz schön schwierig, mal nicht »von außen«, das heißt durch allerlei technische und mediale Stimulanzien, abgelenkt zu werden. Das sehen wir auch an unseren Kleinen. Hat man mal nichts zu tun, wird das Handy schnell gezückt und mal ein Videoclip angeschaut. »Gebt den Kindern Papier, Stift und Schere und staunt, was sie daraus alles zaubern können«, erklärt die Muße-Mummy augenzwinkernd. Entschleunigte Erziehung heißt also oft auch einfach nur weniger Konsum, dafür mehr spielerisches Vergnügen. Bescheidenheit, eine gesunde Dosis Langeweile und Einfachheit führen fast automatisch zu mehr Kreativität und Ideenreichtum. Langeweile ruft förmlich nach neuen Ideen aus sich heraus! Wenn man sich nicht ablenken kann, muss irgendwann im eigenen Kopf gekramt werden. Vielleicht haben Sie das selbst schon einmal erlebt: Eine lange Autofahrt kann die Kleinen (manchmal leider erst nach stundenlangem Quengeln) ganz schön innovativ machen. Dann werden Nummernschilder geraten, Lieder geträllert oder Vorbeifahrende mit Grimassen begrüßt. Oder beim Spaziergang durch den Wald: Aus Stock, Stein und Blättern werden rasch interessante Spielfiguren. Umgefallene Bäume werden zu Brücken, robuste Äste zu Schwertern, Marienkäfer zu neuen Haustieren und frische Fußabdrücke eines Hasen zu einer abenteuerlichen Safari. Sie müssen dabei fast nichts mehr tun und zudem ist es auch noch gut für die Geldbörse. Nehmen Sie gleich noch eine Freundin (vielleicht mit eigenen Kindern oder einem Hund) zum Quatschen mit und freuen Sie sich auf den Ausflug. Meiden Sie unbedingt große Einkaufsstraßen und somit jegliche Reizüberflutung. Und gehen Sie es wie immer schön langsam an! Denn wenn die Kids sonst viel mediale Unterhaltung und virtuelle Spielwiesen gewohnt sind, wirkt so ein Naturausflug eher befremdlich auf sie. Vielleicht können sie erst nichts mit sich anfangen. Aber lassen sie die Langeweile sprießen. Nehmen Sie sich Zeit für die Zeit (Sie wissen ja selbst, Gewohnheiten benötigen Geduld, Zeit und Routine) und plötzlich wird die Natur zurückerobert.

Denke immer daran, dass es nur eine wichtige Zeit gibt:
HEUTE. HIER. JETZT.
Leo Tolstoi (1828 - 1910)

Kinder sind wahre SLOW-Künstler

Umgekehrt gilt ebenfalls: Nicht nur wir sind Vorbilder, auch wir können jede Menge von den Kleinen lernen. Kinder sind wahre SLOW-Akrobaten. Schließlich sind sie es, die noch wissen, wie Tagträumen geht und wie man dem Moment ein Schmetterlingsgefühl verleiht. Mit ihrem eigenen Zeitsinn gehen sie täglich auf Entdeckungstour und die Welt ist eine wahre Schatzkiste. Wir können uns von diesem kindlichen Staunen wirklich ein Stück abschneiden. Aber auch in Bezug auf unseren Biorhythmus sind uns die Zwerge weit voraus. Uns selbst erscheint das kindliche Zeitgefühl oft verwirrend, planlos und zerstreut. Unser Tag ist hingegen streng getaktet, wir leben nach Plan und vorgegebener Zeit. Dies haben wir uns über die Jahre gut antrainiert, unseren persönlichen Biorhythmus aber mit der Zeit vernachlässigt. Lediglich im mehrwöchigen Urlaub zeigen sich vielleicht hin und wieder individuelle Klänge. Dann werden wir vielleicht wieder zu Nachteulen, blühen förmlich auf oder halten täglich unser kleines Mittagsschläfchen. Sich treiben lassen, unbestimmt und ganz nach Lust und Laune - ist das nicht eine ganz wunderbare Vorstellung? Nehmen wir uns die Kleinen also stets zum Vorbild, die uns täglich und inmitten unseres turbulenten Alltags auf eine besonders schöne Art und Weise an unsere innere Lebenstrommel erinnern.

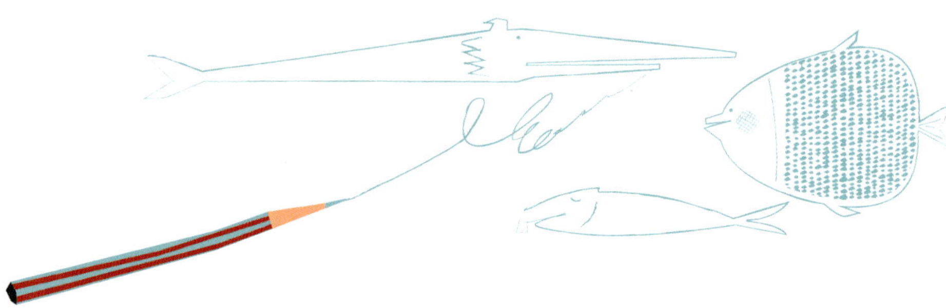

SLOW-Spiele

Wenn der Tag doch einmal wieder hitzig war, gelingt das Runterkommen im Familienleben mit SLOW-Spielen. Schön sind solche, die man langsam und konzentriert ausführt – SLOW eben – wie Mikado (Sie wissen schon, das mit den Stäbchen) oder Memory. Auch ein Bastel-Abend bringt Entspannung, solange es nicht um knifflige Anleitungen geht, bei denen man schnell die Geduld verliert. Wie wäre es mit meditativem Ton- oder Salzteig-Kneten? (Ton bekommt man fertig im Bastelladen, Salzteig-Rezepte aus Mehl, Salz und Öl gibt es im Internet.) Oder einem gemeinsamen Mal-Abend, mit Tusche, Buntstiften oder Aquarellkreide? Die Kinder bestimmen das Thema und jeder lässt seiner Fantasie freien Lauf.

Eine neuere Art zu Zeichen nennt sich ZenTangle (tangle = kritzeln und Zen = ein Zustand meditativer Versenkung aus dem Buddhismus). ZenTangle bedarf keiner großen Vorbereitung, keiner Schulung oder großartiger Planung. Sie benötigen nur ein Blatt Papier (zum Beispiel die nächste Seite dieses Buches) und einen Stift (möglichst einen Fineliner). Es gibt weder Regeln noch Vorgaben, es gibt kein Richtig oder Falsch. Und so geht die Kritzel-Meditation: Zeichnen Sie zum Beispiel einen Kreis, ein Quadrat oder umrunden Sie einfach Ihre Handfläche mit dem Stift auf dem Papier. Innerhalb dieses Rahmens ziehen Sie viele kleine Striche und Kreise und füllen die Fläche mit abstrakten Mustern, Punkten und Figuren (zum Beispiel mit Sternen, Herzen, Blumen oder Wellen). Verfeinern Sie die einzelnen Figuren mit weiteren Mustern und füllen Sie diese aus (ganz gleich ob Sie in Schachmustern malen oder Regenbogenfarben verwenden). Lassen Sie sich dabei richtig viel Zeit, fokussieren Sie sich nur auf die einzelnen Details im Bild. Sie werden sich wundern, wohin Ihre Gedanken fließen. Das Bild kann schon nach zehn Minuten – oder eben nach einer Stunde – fertig sein. Je detailgetreuer und komplexer Sie tangeln, desto tiefer können Sie in die Kritzel-Kontemplation eintauchen. Tangeln klappt besonders gut mit der ganzen Familie und Ihre Kinder werden es lieben.

ZenTangle:

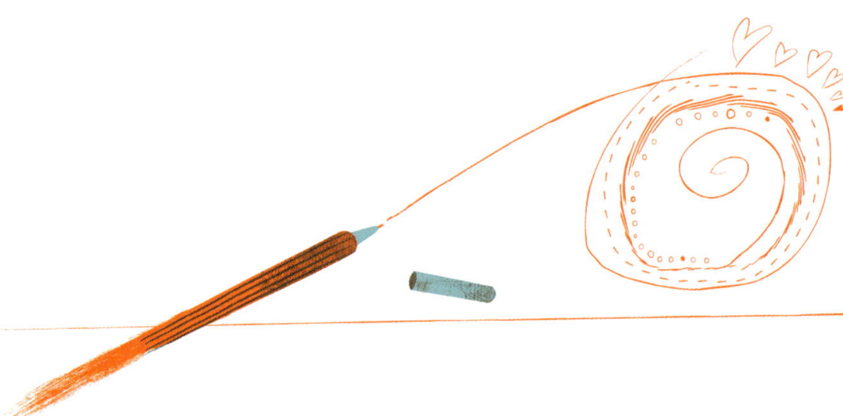

Zauber-Yoga

Etwas mehr Dynamik am Familienabend verspricht Yoga mit Kindern. Holen Sie gemeinsam mit den Kindern den ursprünglichen »Zauber«, der über die Jahrtausende irgendwie verloren gegangen ist oder an moderne Gesellschaftsstrukturen und Wünsche angepasst wurde, ins Wohnzimmer zurück. Dazu braucht es aber ein wenig Fantasie: Ihr Kind turnt schließlich auf einer Zaubermatte, denn es verwandelt sich in allerlei Gegenstände und nimmt ulkige Tiergestalten an. Mal formt sich ihr Sprössling zu einem Katzenbuckel, mal wird er zum herabschauenden Hund. Ihr Kind verwandelt sich in eine Kobra, in einen Fisch und in einen Schwan. Zu einem Baum wird man schließlich, wenn man auf einem Bein stehen kann und die Arme in die Höhe nimmt. Wie aber verwandelt man sich in einen Stuhl, einen Tisch oder ein offenes Buch? Lassen Sie Ihr Kind auch ruhig mal neue Figuren erfinden. Wie könnte beispielsweise ein Elefant, ein Wurm, ein Krokodil oder Frosch aussehen? Sie sehen, Yoga wird nicht nur zum tierischen Vergnügen und körperdynamischen Ratespiel, damit sorgen Sie sichtlich für viel Bewegungsspaß und einer anschließend entspannten Yogi-Nacht.

Anstatt abends also mit der gesamten Familie vor dem Fernseher zu verweilen (was gelegentlich natürlich auch erholsam sein kann), haben Sie verschiedene Möglichkeiten mit der ganzen Familie zu entspannen. Wenn Sie weder Lust auf Zauberspielchen noch auf Erleuchtungsmalen haben, ist ein Buch immer eine gute Lösung. Ihre Kinder sollten das Lesen (eines echten Buches) auch in Zeiten von Apps und Blogs nicht verlernen. Machen Sie daraus eine gemütliche Angelegenheit, indem Sie gemeinsam eine kuschelige Wohlfühl-Leseecke einrichten. Das Vorlesen schenkt nicht nur Ihren Kindern Ruhe, sondern entschleunigt auch Sie selber.

Zauber YOGA

Zaubermatte

Ihr Kind verwandelt sich in eine Kobra, einen Baum, ein Dreieck, oder es formt einen Katzenbuckel oder wird zum herabschauenden Hund.

1.

herabschauender Hund

2.

Mini-Kobra

3.

Katzenbuckel

4.

Dreieck

5.

Baum

Lassen Sie ihren Sprössling auch ruhig mal neue Figuren erfinden. Wie könnte beispielsweise ein Stuhl, ein offenes Buch, ein Elefant, ein Wurm oder ein Krokodil aussehen?

Bekannter oder Freund?

Paradoxerweise sind unsere Freundschaftslisten mittlerweile ellenlang. Das Internet macht es uns ja auch kinderleicht, alte längst verloren geglaubte Verbindungen wiederaufzunehmen. In unserem Adressbuch befinden sich Namen von Sandkastenkumpels, Schulfreunden, Studienkommilitonen, Arbeitskollegen, Nachbarn, Partybekanntschaften und Sportsfreunden. Gegen das Netzwerken an sich spricht ja nichts. Im Gegenteil! Einige Verknüpfungen erweisen sich auf kurz oder lang als sehr praktisch. Der Unterschied liegt zwischen der oberflächlich gehaltenen Bekanntschaft und der innigen Freundschaft. Während sich Erstere ziemlich unverbindlich und spontan ereignet, oft auf Erlebnis- oder Spaßmomenten basiert, also eher punktuell geschieht, geht die Freundschaft in der Regel einen gemeinsamen Weg, sie baut auf Beständigkeit, Vertrauen und gemeinsamen Erfahrungen auf, etwa ergreifenden Momenten, geteiltem Interesse, gemeinsam erlebter Freude, überstandenen Krisen, intimen Geheimnissen. Man öffnet sich ihr jedoch nur sehr langsam! Beste Freunde sind demnach wahre SLOW-Friends, sie sind – wenn Sie so wollen – die schönsten Perlen des Ozeans.

Selbstverständlich können sich gute Gespräche schon nach wenigen Minuten Small Talk erleben, aber in der Regel braucht die wahre Freundschaft vor allem viel Zeit für Entwicklung.

Das Adressbuch filtern

Finden Sie heraus, wer Ihre SLOW-Friends sind. Gehen Sie also durch Ihr Adressbuch und überlegen Sie zu jedem Namen kurz, welche Qualität Sie der Beziehung zu Person X beimessen. Der folgende Fragebogen soll Ihnen, dabei helfen, Ihre SLOW-Friends zu identifizieren.

Und dann vereinbaren Sie gleich heute noch ein verbindliches Treffen mit jedem Ihrer Freunde. Schalten Sie Ihr Handy beim Treffen unbedingt auf lautlos für eine ungestörte Unterhaltung. Denn Nasen im Display, statt vertrauter Blicke, sieht man heute leider viel zu häufig.

Wer ist mir besonders wichtig?

Warum sind mir diese Personen besonders wichtig?

Wem vertraue ich blind?

Auf wen ist immer Verlass?

Mit wem habe ich die tollsten Gespräche?

Wem habe ich in letzter Zeit bedauerlicherweise zu wenig Aufmerksamkeit geschenkt?

Wen habe ich aus den Augen verloren?

Meine Freundschaftsperlen:

Freitag ist Freundetag

Was macht eine wirklich gute Freundschaft aus? Reichen Respekt, Toleranz und Interesse füreinander aus? Das gibt es in der Regel auch zwischen Arbeitskollegen und Vereinsmitgliedern. Nicht umsonst spricht man an dieser Stelle gerne auch von »Seelenverwandtschaft«, also von einem Seelenfreund, zu dem man ein ganz besonderes, inniges Verhältnis pflegt. Sie braucht nicht einmal viele Worte. Diese Beziehung unterliegt keiner Regel oder Norm. Sie lässt sich nicht erzwingen, erkaufen oder manipulieren. Solche Freunde treten plötzlich in unser Leben, sie bereichern und ergänzen uns, aber halten auch nach jahrelanger Funkstille wie ein unsichtbares Band. Trotzdem muss auch dieses Bändchen irgendwann geknüpft werden: Veranlassen Sie daher regelmäßige Treffen! Denn ist mir ein Mensch sympathisch, wird er noch lange nicht gleich zum guten Freund. Man vertraut sich der Person Schritt für Schritt an. Dies braucht Zeit und vor allem Regelmäßigkeit.

Wie wäre es zum Beispiel mit Freitagabend? »Freitag« und »Freunde« beginnen beide mit einem F (das kann man sich gut merken) und das Wörtchen frei könnte fast schon als wöchentlicher Denkzettel dienen! Wenn Ihnen dies aber unmöglich umsetzbar erscheint, gehen Sie wenigstens einmal im Monat gemeinsam brunchen (Sonntagvormittag wäre doch prima?). Dann gibt es da noch die vielen Feiertage im Jahr, an denen man sich zu regelmäßigen Treffen verpflichten sollte. Laden Sie ein zu einem Kaffee oder zum Spaziergang und machen Sie Herzensangelegenheiten zum Thema. Denn wo ein Wille ist, ... Sie wissen schon! Gehen Sie diesen Weg.

SLOW-Love

Auch die Qualität einer Beziehung zeigt sich nicht selten erst mit der Zeit. Nicht ohne Grund muss sich Vertrauen und Verlass erst im Alltag bewähren. In einer Partnerschaft geht man gemeinsam durch dick und dünn, schon allein deshalb, weil der Partner zur ersten Bezugsperson wird. Manche geben sich sogar das ewige Versprechen, immer – sowohl in guten als auch in schlechten Zeiten – füreinander da zu sein. Leider bleibt im Trubel des Alltags auch für Beziehungsangelegenheiten wenig Zeit, selbst wenn man bereits zusammengezogen ist und man Bett und Bad teilt. Das allmähliche Auseinanderdriften macht sich dann plötzlich im gemeinsamen Urlaub bemerkbar, wenn man sich plötzlich nichts mehr zu sagen hat. Und wenn das Kind erst einmal da ist, kann Intimität und Zweisamkeit aus Zeitnot weiter abnehmen. Was tun, wenn die gemeinsame Zeit knapp ist und der Partner plötzlich fremdelt? Mit Langsamkeit schaffen Sie definitiv mehr Begegnungsmomente im Alltagsleben. Sie müssen dabei nicht immer reden, um zu Kommunizieren. Vielmehr geht es um Verständnis und Achtsamkeit füreinander. Nicht umsonst heißt es: SLOW down and Get Connected! Also machen Sie langsam und finden Sie wieder liebevollen Anschluss.

Die Qualität der Zeit beeinflussen

In der Begegnung mit Menschen, insbesondere in einer intimen Beziehung, treffen zwei völlig unterschiedliche Zeitdimensionen aufeinander, das dürfen Sie nie vergessen! Jeder bringt einen eigenen Rhythmus ins Spiel und das jeweils eigene Gefühl von Zeit ist sehr unterschiedlich. Auch hier ist wieder Achtsamkeit gefragt: Der Zeitpsychologe Wittmann, von dem bereits zu Beginn dieses Buches die Rede war, zeigt uns auf, dass wir mit folgenden zwei Techniken die wenige Zeit qualitativ aufwerten können.

Störquellen beseitigen: Zum einen dehnen wir kostenbare Zweisamkeit, indem wir sämtliche Störquellen völlig beseitigen. Sie haben es vielleicht zu Beginn Ihres Feierabends bereits ausprobiert: den Fernseher aus, das Handy lautlos, die Kinder ins Bett und übliche Besprechungen verkürzen. »Nur du und ich!«

Emotionen fördern: Zum anderen bereichern Sie Ihre gemeinsame Zeit mit der bewussten Einbindung von starken Emotionen. Ein Kinofilm, der Sie zu Tränen rührt oder ein Live-Konzert, das für Gänsehaut sorgt. Mal raus aus der Routine und Neues wagen! Doch Vorsicht: Viele steigern an dieser Stelle gern die Dosis. Dann reicht eben nicht mehr der Urlaub auf Teneriffa, sondern es geht mit dem Segelschiff einmal um die ganze Welt. SLOW wirkt hier gesund entgegen. Denn wenn wir uns in Langsamkeit üben, erleben wir die Zauberformel »Distance & Desire«. Das heißt, durch gelegentlichen selbstauferlegten Verzicht halten wir die besonderen Momente als solche aufrecht. Das hält Ihre Beziehung frisch, bereichert die Partnerschaft und dehnt Ihre Zeit auf wunderbare Weise.

SLOWeekend – Zeit zum Perlentauchen

Endlich Zeit für Tiefgang.

Die Wochenenden könnten so glücklich beginnen: länger Ausschlafen, ausgiebig frühstücken, die Lieblingszeitschrift von vorn bis hinten durchlesen, das alte Rennrad aus dem Keller holen und, das gute Wetter spontan für eine kleine Spritztour nutzen. Oder man geht mit den Kids raus in den Park zum Picknicken, Fußballspielen und Freundetreffen. Doch stattdessen spulen wir das Pflichtprogramm ab: Der Wochenendeinkauf muss schließlich erledigt, das Badezimmer geputzt, der Kuchen für den Besuch gebacken und mit dem Sohn über den letzten Englischaufsatz ernsthaft gesprochen werden. Die Wochenenden sind übermäßig prall gefüllt! Muss das denn wirklich alles und auf einmal sein? Auch wenn wir uns das alles selbst aussuchen und ein Leben nach unseren Vorstellungen führen, unsere Zeit können wir nicht multiplizieren, sie ist endlich, auch wenn wir es oft zu vergessen scheinen! Und die Dinge die wir tun – alles eigentlich schöne Beschäftigungen –, werden aufgrund unserer Schnelllebigkeit leider oft zu lästigen und stressigen Aufgaben.

Weniger und langsamer

Haben Sie schon bemerkt, dass sich die Begriffe »Freizeit« und »Freiheit« ganz schön ähneln? Hauchen Sie Ihrem Leben im wahrsten Sinne das »Haaaaa« ein! Sie können dieses Freiheitsgefühl wiederge-

winnen. Dafür müssen Sie Ihren Tagesplan und Ihren Kalender ordentlich ausklopfen. Haben Sie noch die Prio-Liste (Seite 38) vor Augen? Die lässt sich hervorragend auch im Privaten anwenden. Selbstverständlich stehen manche Termine und Verpflichtungen immer noch im Raum. Mit SLOW sind Sie diese ja nicht losgeworden. Vielleicht aber hatten Sie bereits die Gelegenheit, einige der Eintragungen auf Ihren Stellenwert zu prüfen und Erledigungen zu bündeln oder auf einen Wochentag zu verschieben. Anregungen dazu finden Sie im Kapitel »In den Feierabend gleiten« (Seite 56). Dem Ausdruck »Get connected« kommt hier eine neue schöne Bedeutung zu. Vergessen Sie nicht: Ein To-do zieht viele neue nach sich.

Nehmen Sie sich Zeit für die Zeit

Wenn sich auch Ihre Freizeit schon nach einem Terminkalender richtet, dann tragen Sie auch »Freie Zeit« ein. Klingt verrückt? Oh ja, wenn es um unseren Umgang mit der Zeit geht, sind heute so einige Dinge ganz schön verrückt, die wir tun! Also warum nicht auch ein Date mit sich selbst planen?! Wie freigiebig wir unsere Zeit für scheinbar sinnlose Dinge doch aus dem Fenster werfen. Doch das ist kein neues Phänomen, sondern wurde bereits vor 2000 Jahren vom römischen Philosophen Seneca bemängelt. Das Leben ist nicht kurz, so sein Fazit, wenn man seine Zeit richtig zu gebrauchen weiß. »Geizen« Sie, wenn nötig, mit Ihrer Zeit und vergeuden Sie keine einzige Sekunde davon. Machen Sie sich das immer klar: Ihre Zeit ist begrenzt und deshalb zu kostbar. Füllen Sie Ihre freien Stunden mit hübschen Beschäftigungen, die Ihnen Zufriedenheit und Kraft schenken und Ihrem Wesen schmeicheln. Erlebnisse wie einfach mal spontan und allein ins Kino, mit sich selbst auf einen Kaffee gehen oder lange einsame Spaziergänge können wunderbare Selbstbegegnungen und Reflexionsmomente sein. Wagen Sie diese Form von Selbstbelohnung.

Flexiday: Planlos durchs Wochenende

Und sind wir mal ehrlich, die besten Stunden im Alltag sind häufig die spontanen. Wie wäre es also mal mit einem Flexiday? Hierbei können Sie Ihre Familienmitglieder selbstverständlich miteinbeziehen. Sie selbst jedoch planen nichts und lassen sich völlig überraschen. Die französische Autorin und so genannte Lebensakrobatin Élise Brune hat es in »Seitensprünge aus dem Alltag« fabelhaft ausdrückt: »Nimm dir nichts vor, tu es einfach.« Raus aus den starren Geflechten und sich einfach mal überraschen lassen. Das sind die besten Momente und sie gelingen zum Beispiel, wenn jemand anders aus dem Familien- oder Freundeskreis das Tagesprogramm auswählen darf. Wechseln Sie sich regelmäßig ab in der Bestimmung gemeinsamer und erholsamer Stunden. Müßige Unternehmungen können etwa sein: ein entspannter Zoo-, oder Museumsbesuch, ein Kunst-, Tanz- oder Kochkurs, Angeln gehen, Drachen steigen lassen, eine Stadtbesichtigung machen, ein Spielenachmittag, Freunde besuchen, gemeinsames Musizieren, Picknicken, Radfahren, Baden, Töpfern oder Zelten. Dinge also, die viel Zeit benötigen und meistens nur langsam vollzogen werden können! Das tut gut. So ersparen Sie sich die Qual der Wahl und jede Menge Frust. Dafür müssen Sie einfach loslassen und auch für schräge Ideen offen sein. Trauen Sie sich das? Nur Mut. Sie wissen ja bereits, dass Offenheit gegenüber Neuem geradezu eine Liebeserklärung an Ihre persönliche Zeit und somit an das Leben ist. Andere Tätigkeiten, die man vielleicht weniger in einer Gruppe, sondern ganz sinnlich und eher für sich allein ausführt, sind etwa Briefe schreiben (eigenhändig und mit einem Füller, versteht sich), einen leckeren Kuchen backen, kreative Zeichnungen anfertigen, mit Farbe und Materialien arbeiten oder eben gemütlich walken gehen. Super lässt sich zu zweit im Garten arbeiten, der Sternenhimmel beobachten, vor dem Kamin kuscheln oder eine mehrstündige Wanderung unternehmen. Welche SLOW-Aktivitäten fallen Ihnen für das Wochenende ein? Womit wollen Sie Ihre Liebsten am Flexiday überraschen, wenn Sie an der Reihe sind?

Langsame Orte

Um am SLOWeekend so richtig runterzukommen, suchen Sie sich vor allem langsame und eher kontemplative Orte auf. Paddeln Sie also ruhig mal weiter raus! Ein ungewöhnliches Erlebnis können Sie zum Beispiel in der Musikabteilung Ihrer Stadtbibliothek haben.

Garantiert gehen Sie danach beflügelt wieder aus dem Haus und werden noch ein paar Tage daran denken.

Auch Museen, Kirchen, Wellnesshotels, Literaturcafés oder Musikkonzerte haben eine ähnlich tolle und beruhigende Wirkung auf Körper, Geist und Seele. Ebenso lädt die Natur förmlich zur Langsamkeit ein. Und vielleicht können Sie die Kids öfters mal bei den Großeltern spielen lassen? Oma und Opa freuen sich über den jungen Besuch und Sie schaufeln sich ein SLOWeekend frei. Gehen Sie solche Synergien auch mit anderen Eltern, Ihren Geschwistern oder Nachbarn ein. Lassen Sie Ihren Sprössling vielleicht mal bei seinem besten Freund übernachten. Dafür nehmen Sie ihn auch mal bei sich übers Wochenende auf. Man muss ja nicht immer alles selbst machen. Holen Sie sich ruhig Hilfe, sourcen Sie aus, was heute geht, und entlasten Sie sich gelegentlich beim Aufpassen auf die Kinder, beim Einkauf von Lebensmitteln oder einer Reparatur im Haus.

- [x] Suchen Sie sich eine CD eines Komponisten oder einer Band aus.
- [x] Lauschen Sie der neuen Musik.
- [x] Sobald die ersten Klänge ertönen, schliessen Sie die Augen.
- [x] Lassen Sie das gesamte Stück auf sich wirken.
- [x] Erleben Sie, wie entspannend es sein kann, der Musik in Ruhe und Konzentration zu lauschen.

Kleine Erholungsinseln

Es sind meistens diese kleinen Fluchten, die für Frischluft im Alltag sorgen. Und SLOW-Traveller schwören drauf: Reisen Sie langsam, dann werden Sie garantiert neue Entdeckungen und aufregende Begegnungen machen, die Sie sonst verpasst hätten. Aber vor allem werden Sie zu sich selbst kommen. Reisen Sie mit Ihrer Familie oder Freunden, dann gestatten Sie sich mittendrin auch kleine Auszeiten voneinander. Während Ihr Partner beispielsweise eine Besichtigungstour durch das alte Stadtviertel unternimmt, gönnen Sie sich einen Spaziergang an der Strandpromenade. Später dann, bei gemütlichem Abendessen und Kerzenschein, können Sie sich gegenseitig von Ihren kleinen Erlebnissen und besonderen Entdeckungen erzählen. Schenken Sie Ihrer Neugier Freiraum und ermöglichen Sie sich auch mal »Seitensprünge« aus dem Alltag. Solche Solo-Touren müssen nicht gleich drei Wochen dauern, dafür reichen oft schon wenige Tage aus. Die schönsten Entdeckungen Ihrer nächsten Solo-Tour, auf der Sie sich einfach mal treiben lassen, können Sie auf der nächsten Seite festhalten.

Wie könnte ein solcher SLOW-Trip nun in die Tat umgesetzt genau aussehen? Planen Sie nicht so viel vor. Legen Sie wenige Fixpunkte fest, Orte, die Sie unbedingt sehen wollen. Und überlassen Sie den Rest dem Zufall. Das geht nicht, meinen Sie? Und ob! Es gibt immer ein Bed & Breakfast oder eine kleine Pension, in der noch ein Zimmer frei ist. Befreien Sie sich von Verpflichtungen, auch von denen, die in einem Reiseführer stehen, meist unter dem Motto »Must see!«. Statt von der Kirche ins Museum zu hetzen, nehmen Sie Platz in einem Café oder auf einer sonnigen Bank und tun Sie wieder nur einfach mal nichts. Denn für Ihre Highlights brauchen Sie kein Ticket zu lösen, sie liegen direkt vor Ihnen: fremde Gerüche, neue Geräusche, ein anderes Klima, ein ungewöhnlicher Geschmack. Wahrnehmen, was ist. Und schon werden die Gedanken lauter, das Herz ruhiger und eine wohltuende bedächtige Grundstimmung stellt sich ein. Eintauchen in einen anderen Ort, ein anderes Land, eine andere Kultur bedeutet oftmals und auf wundersame Weise Abtauchen aus dem Alltäglichen. Und ohne Anstrengung kommen wir plötzlich auf ein eigenes Tempo, frei und selbstbestimmt.

MEINE SCHÖNSTEN ENTDECKUNGEN ALS ICH MICH TREIBEN LIESS

1.

2.

3.

4.

5.

Auftauchen

Wir sind am Ende angelangt. Was für ein gemütliches Schneckentempo, nicht wahr? Und haben Sie sich bei der einen oder anderen Station wiedergefunden? Konnten Sie die schönen Augenblicke wahrnehmen, das Tempo verringern, die Glückskekse finden und etwas an ihnen knabbern?

Beim Lesen haben Sie sich nun intensiv mit Ihrer persönlichen Zeit beschäftigt. Sehr schön! Das ist ein guter Anfang, schön langsam und entspannt! Wie fühlen Sie sich dabei? Und wenn es einmal wieder hoch hergeht, denken Sie daran: Alles ist eine Sache der Übung, das gilt für Schnecken ebenso wie für Surfer. Haben Sie Geduld mit sich selbst. SLOW ist ein lebenslanger und begleitender Prozess und irgendwie auch eine Lebenskunst. Denn Sie haben es selbst gemerkt: Langsamer werden inmitten des Alltagstrubels ist gar nicht so einfach wie anfangs vielleicht angenommen. Aber es ist möglich, das ist beruhigend zu wissen! Dann müssen eben einfach ein paar kleine Tricks her: Zähneputzen mit Sanduhr, linkshändig zu Mittag essen, Sterne zählen, ein Date mit sich selbst ausmachen oder sich auf ein ruhiges, stressfreies Flexi-Wochenende freuen. Denn vergessen Sie nicht: Während alles an uns vorbeizischt, versteckt sich das tatsächliche Leben in den einzelnen Momenten, auf die wir bewusst – mit Hilfe von Langsamkeit und Aufmerksamkeit – achten, so banal das auch klingt!

Zeit ist Leben! Bestimmen wir die Zeit selber, wird auch unser Leben selbstbestimmter. Sie sind jetzt schon auf dem besten Weg, Ihre persönliche Zeitkompetenz zu entwickeln und noch besser auszubauen. Lassen Sie sich Zeit, nehmen Sie sich Zeit, seien Sie die Zeit – notfalls eben auch als Ich-Termin im Kalender notiert. Gerade die banalen Dinge, die Ihnen Freude bereiten, jedoch keinen ersichtlichen Zweck nach außen hin erfüllen, sind wie perfekte Wellen. Genießen Sie diese, ganz relaxt, wie ein Surfer eben. Es wird Ihnen guttun!

Sie werden mit der Zeit selbst feststellen, dass es sich lohnt, genauer hinzuschauen. Und je tiefer Sie eintauchen, desto schönere Entdeckungen werden Sie machen! Machen Sie SLOW, atmen Sie durch und genießen Sie das Wellenreiten.

Immer dann, wenn Sie sich mal wieder gehetzt, gestresst oder unter Druck gesetzt fühlen, praktizieren Sie SLOW: Reagieren Sie nicht sofort, gehen Sie vor die Tür, verlangsamen Sie die Schritte und ganz wichtig: Führen Sie wiederkehrende Rituale ein, um sich an ihnen im Alltag entlangzuhangeln. Wir können unseren hektischen Alltag nicht immer einfach ausbremsen und alle Zeit-Probleme loswerden. Sie wissen ja: Jeder Tag ist wie das Meer, mal bewegt, mal ruhig. Wir können aber das Surfen lernen – sprich, die Sicht auf die Dinge ändern und vor allem das individuelle Tempo drosseln: SLOW-Foot, SLOW-Food, SLOW-Sport, SLOW-Love. Aus Müssen wird von nun an und, so oft es geht, ein Dürfen. Dabei helfen uns auch unsere Kiddis, und manch besonnener Arbeitskollege kann uns in vielen Situationen ein wahres SLOW-Vorbild werden. Während Sie ein paar Gänge des Lebens runterschalten, erledigen Sie zudem viele vermeintlichen Probleme wie von alleine. Sie werden deutlich besser auf Zeithaie achten und wahre Sternstunden erleben. Bleiben Sie cool, setzen Sie Ihre SLOW-Brille auf und erlauben Sie sich kleinen Auszeiten zwischendurch. Sie können schließlich nicht die ganze Zeit im Wasser bleiben. Wagen Sie Seitensprünge aus dem Alltag und bevorzugen Sie wirklich mal Aktivitäten, die Sie zur Langsamkeit einladen. Einige haben Sie hier ja bereits kennengelernt. Sicherlich haben Sie noch viele weitere Ideen. Und wenn nicht – dann ist das auch gut. Nichts planen, nichts tun, abwarten und einfach mal langweilen: eine geniale Idee! So einfach kann Lebensglück sein. Genießen Sie diese Aussicht!

Abschließend erfahren Sie nun, ob Sie schon ein SLOWist sind. Egal wie das Ergebnis ausfällt: Keep Surfing!

Bin ich schon ein SLOWist?

	ja	nein
Ich bewege mich schon langsamer.	☐	☐
Ich bewege mich häufiger (im Schritttempo, zu Fuß).	☐	☐
Mir fällt das morgendliche Aufstehen leichter.	☐	☐
Ich kann besser ein- und durchschlafen.	☐	☐
Grübeln wird seltener, es macht mir nicht mehr so viel aus.	☐	☐
Ich komme rechtzeitig los.	☐	☐
Ich frühstücke regelmäßig.	☐	☐
Ich lasse mir Zeit beim Essen.	☐	☐
Ich kenne meine innere Uhr und weiß wann ich besonders aktiv, konzentriert, müde, kreativ, gestresst, hungrig und entspannt bin.	☐	☐
Der Fernseher bleibt häufig aus.	☐	☐
Mein Handy ist öfter lautlos gestellt.	☐	☐
Mein Handy klingelt seltener.	☐	☐
Ich checke meine E-Mails nur noch zu festen Zeiten.	☐	☐

	ja	nein
»Work-Life-Balance« ist langsam ein Begriff für mich.	☐	☐
Ich bin ruhig und gelassen im Straßenverkehr.	☐	☐
Ich lese zurzeit einen spannenden Roman.	☐	☐
Ich streite und diskutiere weniger.	☐	☐
Ich kann auch einige Minuten mal nichts tun.	☐	☐
Ab und zu mal schweigen fällt mir nicht schwer.	☐	☐
Wenn ich früh dran bin, genieße ich das Zeitfenster für mich.	☐	☐
Ich hatte schon einmal ein Date mit mir selbst.	☐	☐
Ich esse oder reise auch gelegentlich allein.	☐	☐
Ich achte weniger auf die Meinung anderer.	☐	☐
Ich höre öfters auf mich.	☐	☐
Anderen höre ich (besser) zu.	☐	☐
Ich habe nicht mehr das Gefühl, irgendetwas zu verpassen.	☐	☐

	ja	nein
Ich bin insgesamt achtsamer geworden.	☐	☐
Ich erwarte weniger von mir und anderen.	☐	☐
Ich bin zufrieden mit mir selbst, mit dem was ist.	☐	☐
Ich nehme viele Dinge nicht mehr persönlich.	☐	☐
Aufgaben kann ich nun schneller abschließen.	☐	☐
Ich bin besser organisiert (arbeite zum Beispiel mit einer Prio-Liste).	☐	☐
Der Weg ist mein Ziel.	☐	☐
Ich fühle mich präsent im Hier und Jetzt.	☐	☐
Ich weiß, wen ich um Hilfe bitten kann, wenn ich sie brauche.	☐	☐
Ich achte weniger auf die Uhrzeit.	☐	☐
Ich sage häufiger Nein und rufe Stopp, wenn ich es will.	☐	☐
Meinem Körper und Geist gönne ich öfter etwas Gutes.	☐	☐
Ich genieße!	☐	☐
Ich fühle mich geerdeter, ruhiger und verbundener mit meiner Umwelt.	☐	☐

Wenn Sie diese Checkliste nun mit der Checkliste »Wie SLOW ist mein Tag?« (Seite 13) vergleichen, was meinen Sie, hat sich bereits etwas getan? Sind Sie SLOW unterwegs? Machen Sie es sich zur Aufgabe, möglichst viele dieser Punkte für sich mit einem klaren JA beantworten zu können. Wenn Sie noch nicht so weit sind, gehen Sie die schwierigen Situationen noch einmal durch. Woran könnte es liegen? Was steht Ihnen im Weg? Wer oder was heizt Ihnen (noch immer) gehörig ein? Haben Sie die hungrigen Zeithaie gefunden, überlegen Sie erneut, welche konkreten Handlungen Sie aktiv vollziehen müssen, um sich aus der Opferrolle zu befreien. Setzen Sie die Slow-Brille auf, denn oft genügt einfach nur der Perspektivenwechsel – oder eben eine entschlackte Prio-Liste.

Veränderung ist anfangs immer zuerst eine Kopfsache, deswegen hilft das Aufschreiben so gut. Geben Sie sich Zeit, und nicht vergessen, machen Sie SLOW!

Service

Weitere SLOW-Literatur

Brune, Élise: **Seitensprünge aus dem Alltag.** Beltz, 2014

Csíkszentmihályi, Mihály: **Das Flow-Erlebnis.** Jenseits von Angst und Langeweile im Tun aufgehen. Klett-Cotta, 2010

Dobelli, Rolf: **Die Kunst des klugen Handelns.** 52 Irrwege, die Sie besser anderen überlassen. Hanser, 2012

Fessler, Nobert: **Einfach. Yoga.** 6 Asana-Reihen für mehr Gesundheit, Achtsamkeit und Energie. TRIAS, 2015

Friebe, Holm: **Die Steinstrategie.** Von der Kunst, nicht zu handeln. Heyne, 2015

Geißler, Karlheinz: **Alles hat seine Zeit, nur ich hab keine.** Wege in eine neue Zeitkultur. oekom Verlag, 2014

Geißler, Karlheinz; Geißler, Jonas: **Time is honey.** Vom klugen Umgang mit der Zeit. oekom Verlag, 2015

Golemann, Daniel: **Konzentriert euch!** Eine Anleitung zum modernen Leben. Piper, 2015

Hodgkinson, Tom: **Anleitung zum Müßiggang.** Insel Verlag, 2013

Hodgkinson, Tom: **Leitfaden für faule Eltern.** Rowohlt Taschenbuch Verlag, 2011

Honoré, Jean-Carl: **Slow Life.** Warum wir mit Gelassenheit schneller ans Ziel kommen. Goldmann Verlag, 2007

Kabat-Zinn, Jon: **Im Alltag Ruhe finden.** Meditationen für ein gelassenes Leben. Knaur MensSana, 2015

Kahnemann, Daniel: **Schnelles Denken, langsames Denken.** Siedler Verlag, 2012

Karven, Ursula: **Sina und die Yogakatze.** Rowohlt Taschenbuch Verlag, 2008

Kieran, Dan; von Rauch, Yamin: **SLOW Travel.** Die Kunst des Reisens. Heyne, 2014

Klein, Stefan: Zeit. **Der Stoff aus dem das Leben ist.** Eine Gebrauchsanleitung. FISCHER Taschenbuch, 2008

Levine, Robert: **Eine Landkarte der Zeit.** Wie Kulturen mit Zeit umgehen. Piper, 1999

Meckel, Miriam: **Das Glück der Unerreichbarkeit.** Murmann-Verlag, 2007

McNeill, Suzanne: **Freude mit Zentangle® Basic.** Trinity, 2014

Noll, Bernadette: **SLOW Family Living.** 75 Simple Ways to SLOW Down, Connect, and Create More Joy. TarcherPerigee, 2013

Opitz, Florian: **Speed.** Auf der Suche nach der verlorenen Zeit. Goldmann Verlag, 2012

Pantley, Elizabeth: **Ketchupmonster und Erbsenpicker.** Mit den Essvorlieben Ihres Kindes gelassen umgehen. TRIAS, 2014

Precht, David Richard: **Anna, die Schule und der liebe Gott.** Der Verrat des Bildungssystems an unseren Kindern. Goldmann Verlag, 2014

Renz-Polster, Herbert; Hüther, Gerald: **Wie Kinder heute wachsen.** Natur als Entwicklungsraum. Ein neuer Blick auf das kindliche Lernen, Fühlen und Denken. Beltz, 2014

Rousseau, Jean-Jaques: **Emile oder Über die Erziehung**. UTB, 1998

Rosa, Harmut: **Beschleunigung.** Die Veränderung der Zeitstrukturen der Moderne. Suhrkamp Verlag, 2005

Schnabel, Ulrich: **Muße.** Vom Glück des Nichtstun. Pantheon Verlag, 2012

Schwarz, Aljoscha; Schweppe, Ronald: **Die 7 Geheimnisse der Schildkröte.** Den Alltag entschleunigen, das Leben entdecken. Heyne, 2010

Seifert, Lothar: **Wenn Du es eilig hast, gehe langsam.** Mehr Zeit in einer beschleunigten Welt. Campus Verlag, 2012

Seneca, L. Annaeus: **De brevitate vitae.** Lateinisch/Deutsch. Von der Kürze des Lebens. Reclam, 2007

Schultz, J. H., Prof.: **Autogenes Training.** Das Original-Übungsheft. Die Anleitung vom Begründer der Selbstentspannung. TRIAS, 2010

Von Münchhausen, Marco; Püschel, Ingo: **Zeit gewinnen mit dem inneren Schweinehund.** Graefe und Unzer Verlag, 2008

Wittmann, Marc: **Gefühlte Zeit.** Kleine Psychologie des Zeitempfindens. C.H.Beck, 2014

Interessante SLOW-Links

Cittaslow-deutschland.de (Internationale Vereinigung der deutschen Cittaslow Städte)

Slowfood.de (Deutschland) und Slowfood.com (international)

Zeitverein.com (Verein zur Verzögerung der Zeit. Fakultät für Interdisziplinäre Forschung und Fortbildung Klagenfurt)

Bibliografische Information der Deutschen Nationalbibliothek
Die Deutsche Nationalbibliothek verzeichnet diese Publikation in der Deutschen Nationalbibliografie; detaillierte bibliografische Daten sind im Internet über http://dnb.d-nb.de abrufbar.

Programmplanung: Sibylle Duelli
Redaktion: Claudia Rieß, München
Bildredaktion: Christoph Frick
Umschlaggestaltung und Innen-Layout:
CYCLUS Visuelle Kommunikation, Stuttgart

Bildnachweis
Umschlagillustration und Illustrationen im Innenteil: Daniela Sonntag, Stuttgart

1. Auflage 2016

Rüdigerstraße 14
70469 Stuttgart

Printed in Germany

Satz und Repro: Reemers Publishing Services GmbH, Krefeld
gesetzt in Adobe Indesign CC 2015
Druck: AZ Druck und Datentechnik, Kempten

Gedruckt auf chlorfrei gebleichtem Papier

ISBN 978-3-432-10069-2

Auch erhältlich als E-Book:
eISBN (PDF) 978-3-432-10068-5

1 2 3 4 5 6

Wichtiger Hinweis: Wie jede Wissenschaft ist die Medizin ständigen Entwicklungen unterworfen. Forschung und klinische Erfahrung erweitern unsere Erkenntnisse. Ganz besonders gilt das für die Behandlung und die medikamentöse Therapie. Bei allen in diesem Werk erwähnten Dosierungen oder Applikationen, bei Rezepten und Übungsanleitungen, bei Empfehlungen und Tipps dürfen Sie darauf vertrauen: Autoren, Herausgeber und Verlag haben große Sorgfalt darauf verwandt, dass diese Angaben dem Wissensstand bei Fertigstellung des Werkes entsprechen. Rezepte werden gekocht und ausprobiert. Übungen und Übungsreihen haben sich in der Praxis erfolgreich bewährt.

Eine Garantie kann jedoch nicht übernommen werden. Eine Haftung des Autors, des Verlags oder seiner Beauftragten für Personen-, Sach- oder Vermögensschäden ist ausgeschlossen.

Geschützte Warennamen (Warenzeichen) werden nicht besonders kenntlich gemacht. Aus dem Fehlen eines solchen Hinweises kann also nicht geschlossen werden, dass es sich um einen freien Warennamen handelt.